THÉATRE COMPLET

DE

ALEX. DUMAS

IX

LE LAIRD DE DUMBIKY — UNE FILLE DU RÉGENT

NOUVELLE ÉDITION

PARIS
MICHEL LÉVY FRÈRES, ÉDITEURS
RUE AUBER, 3, PLACE DE L'OPÉRA

LIBRAIRIE NOUVELLE
BOULEVARD DES ITALIENS, 15, AU COIN DE LA RUE DE GRAMMONT

1874

Droits de reproduction et de traduction réservés

COLLECTION MICHEL LÉVY

ŒUVRES COMPLÈTES

D'ALEXANDRE DUMAS

THÉÂTRE

IX

OEUVRES COMPLÈTES D'ALEXANDRE DUMAS
PUBLIÉES DANS LA COLLECTION MICHEL LÉVY

Titre	Vol.	Titre	Vol.
Acté	1	— Le Caucase	3
Amaury	1	— Le Corricolo	2
Ange Pitou	2	— Le Midi de la France	2
Ascanio	2	— De Paris à Cadix	2
Une Aventure d'amour	1	— Quinze jours au Sinaï	1
Aventures de John Davys	2	— En Russie	4
Les Baleiniers	2	— Le Speronare	2
Le Bâtard de Mauléon	3	— Le Véloce	2
Black	1	— La Villa Palmieri	1
Les Blancs et les Bleus	3	Ingénue	2
La Bouillie de la comtesse Berthe	1	Isabel de Bavière	2
La Boule de neige	1	Italiens et Flamands	2
Bric-à-Brac	2	Ivanhoe de Walter Scott (traduction)	2
Un Cadet de famille	3	Jacques Ortis	1
Le Capitaine Pamphile	1	Jarquot sans Oreilles	1
Le Capitaine Paul	1	Jane	1
Le Capitaine Rhino	1	Jehanne la Pucelle	1
Le Capitaine Richard	1	Louis XIV et son Siècle	4
Catherine Blum	1	Louis XV et sa Cour	2
Causeries	2	Louis XVI et la Révolution	2
Cécile	1	Les Louves de Machecoul	3
Charles le Téméraire	2	Madame de Chamblay	2
Le Chasseur de Sauvagine	1	La Maison de glace	2
Le Château d'Eppstein	2	Le Maître d'armes	1
Le Chevalier d'Harmental	2	Les Mariages du père Olifus	1
Le Chevalier de Maison-Rouge	2	Les Médicis	1
Le Collier de la reine	3	Mes Mémoires	10
La Colombe. — Maître Adam le Calabrais	1	Mémoires de Garibaldi	2
Le Comte de Monte-Cristo	6	Mémoires d'une aveugle	2
La Comtesse de Charny	6	Mémoires d'un médecin : Balsamo	5
La Comtesse de Salisbury	2	Le Meneur de loups	1
Les Compagnons de Jéhu	3	Les Mille et un Fantômes	1
Les Confessions de la marquise	2	Les Mohicans de Paris	4
Conscience l'Innocent	2	Les Morts vont vite	2
Création et Rédemption. — Le Docteur mystérieux	2	Napoléon	1
— La Fille du Marquis	2	Une Nuit à Florence	1
La Dame de Monsoreau	3	Olympe de Clèves	3
La Dame de Volupté	2	Le Page du duc de Savoie	2
Les Deux Diane	3	Parisiens et Provinciaux	1
Les Deux Reines	2	Le Pasteur d'Ashbourn	2
Dieu dispose	2	Pauline et Pascal Bruno	1
Le Drame de 93	3	Un Pays inconnu	2
Les Drames de la mer	1	Le Père Gigogne	1
Les Drames galants. — La Marquise d'Escoman	2	Le Père la Ruine	2
La Femme au collier de velours	1	Le Prince des Voleurs	2
Fernande	1	La Princesse de Monaco	2
Une Fille du régent	1	La Princesse Flora	1
Filles, Lorettes et Courtisanes	1	Les Quarante-Cinq	3
Le Fils du forçat	1	La Régence	1
Les Frères corses	1	La Reine Margot	2
Gabriel Lambert	1	Robin Hood le Proscrit	2
Les Garibaldiens	1	La Route de Varennes	1
Gaule et France	1	Le Saltéador	1
Georges	1	Salvator (suite des Mohicans de Paris)	5
Un Gil Blas en Californie	1	Souvenirs d'Antony	1
Les Grands Hommes en robe de chambre : César	2	Les Stuarts	1
		Sultanetta	1
— Henri IV, Louis XIII, Richelieu	2	Sylvandire	1
La Guerre des femmes	2	La Terreur prussienne	2
Histoire d'un casse-noisette	1	Le Testament de M. Chauvelin	1
Les Hommes de fer	1	Théâtre complet	25
L'Horoscope	1	Trois Maîtres	1
L'Ile de Feu	2	Les Trois Mousquetaires	4
Impressions de voyage : En Suisse	3	Le Trou de l'enfer	2
— Une Année à Florence	1	La Tulipe noire	1
— L'Arabie Heureuse	3	Le Vicomte de Bragelonne	6
— Les Bords du Rhin	2	La Vie au Désert	2
		Une Vie d'artiste	1
		Vingt Ans après	3

LE LAIRD DE DUMBIKY

COMÉDIE EN CINQ ACTES, EN PROSE

Odéon. — 30 décembre 1843.

DISTRIBUTION

CHARLES II, roi d'Angleterre............... MM.	MILON.
LE DUC DE BUCKINGHAM.....................	PIERRON.
MAC ALLAN, laird de Dumbiky................	L. MONROSE.
CHIFFINCH, valet de chambre du Roi..........	ALEX. MAUZIN.
JERNINGHAM, valet de chambre du Duc........	SAINTE-MARIE.
JOHN BRED, marchand de chevaux............	BARRÉ.
TOM GIN, tavernier du *Chardon d'Écosse*.......	ROUSSET.
DIKINS, } fournisseurs du Duc............... {	LUDOVIC.
RUSSEL,	PEREZ.
UN HUISSIER DU PALAIS.......................	BARDA.
NELLY QUINN, actrice de Drury-Lane, maîtresse du Roi.. Miles	V. BOURBIER.
SARAH DUNCAN, jeune Écossaise.............	VOLET.
REBECCA, tante de Sarah, personnage muet........	VENTRAU.
CRÉANCIERS et DOMESTIQUES du Duc.	

— Le premier acte, à l'hôtel Buckingham; le deuxième, à la taverne du Chardon d'Écosse; les troisième, quatrième et cinquième actes, dans un pavillon du parc de Windsor.

ACTE PREMIER

Un salon de l'hôtel Buckingham.

SCÈNE PREMIÈRE

MAC ALLAN, JOHN BRED, RUSSEL, DIKINS, VALETS et CRÉANCIERS DU DUC, puis JERNINGHAM.

Au lever du rideau, le devant de la scène est vide; mais on aperçoit, dans la galerie du fond, Mac Allan, John Bred et les autres Créanciers, que les Laquais du Duc ne veulent pas laisser pénétrer dans le salon.

JOHN BRED.

De par saint Georges, nous entrerons!

TOUS LES CRÉANCIERS.

Oui, oui!

JOHN BRED.

Milord nous doit; nous voulons voir milord... Allons, camarades, débarrassons-nous de cette valetaille.

(Les coups de poing commencent à pleuvoir sur les Valets; et, parmi les plus chauds assaillants, on remarque John Bred et Mac Allan en Écossais.

JERNINGHAM, entrant par une porte de côté.

Eh bien, que signifie cela, messieurs, et que se passe-t-il? De la violence chez milord duc!

JOHN BRED, s'avançant.

Ah! c'est vous, monsieur Jerningham! Nous allons enfin trouver à qui parler. J'étais las, pour mon compte, de ne trouver que de quoi battre.

JERNINGHAM.

Vous vous en acquittez cependant à merveille, maître John.

JOHN BRED.

J'ai la prétention de tenir ce qu'il y a de mieux en chevaux et en coups de poing, et, si votre maître et vos valets veulent me rendre justice, ils vous diront, monsieur Jerningham, qu'il n'y a jamais eu seigneur mieux monté et laquais mieux battus.

JERNINGHAM.

Il n'y a même pas contestation là-dessus, mon cher monsieur John Bred, et milord le disait encore hier à Sa gracieuse Majesté le roi Charles II, qui le complimentait.

JOHN BRED.

Sur quoi?

JERNINGHAM.

Sur ce qu'il était le gentilhomme d'Angleterre, d'Écosse et d'Irlande le mieux logé, le mieux mis et le mieux équipé. Ce à quoi milord répondait : « Eh bien, sire, voulez-vous être aussi bien équipé, aussi bien mis, aussi bien logé que moi? Prenez Russel, mon tapissier, Dikins, mon tailleur, et John Bred, mon marchand de chevaux. »

JOHN BRED.

Comment! le roi disait cela à milord, et milord...?

JERNINGHAM.

Faisait littéralement au roi la réponse que je viens de vous répéter.

RUSSEL.

Dis donc, John Bred, si nous pouvions, par milord, obtenir la fourniture de la cour?

JERNINGHAM.

Rien de plus facile.

DIKINS.

Ce serait une glorieuse affaire.

JERNINGHAM.

Sa Grâce n'a pour cela que deux mots à dire à Sa Majesté, et il y en a déjà un de dit.

JOHN BRED.

Alors, monsieur Jerningham, il faudrait tâcher qu'il dît l'autre.

JERNINGHAM.

Eh bien, mes bons amis, je ne vous cacherai pas que c'était mon intention.

JOHN BRED.

Vraiment!

JERNINGHAM.

Ce matin même, je devais vous écrire à ce sujet-là. C'est le dernier ordre que m'a donné, hier au soir, milord en se couchant; mais, puisque le hasard fait que vous voici...

JOHN BRED.

Oh! mon Dieu, oui... le hasard!... vous avez dit le mot, monsieur Jerningham. Nous passions, Russel, Dikins et moi, devant l'hôtel, et nous nous sommes dit : « Eh bien, puisque nous voilà en face du palais de milord, si nous montions chez Sa Grâce pour demander des nouvelles de sa santé? »

JERNINGHAM.

« Et nous nous informerions en même temps, avez-vous ajouté, si elle ne serait point, par hasard, en disposition de nous payer nos factures. »

JOHN BRED.

Eh bien, nous vous avouons, monsieur Jerningham, puisque vous nous en parlez le premier, que cela ne nous ferait pas de peine de toucher quelques guinées... Il y a longtemps que nous n'avons rien reçu.

JERNINGHAM.

Laissez-moi le soin de cela... Je sais mieux que personne les jours où milord a de l'argent... Donnez-moi vos factures; car je présume que vous les avez sur vous, toujours par hasard.

JOHN BRED.

Je ne les quitte jamais... Vous comprenez, au moment où l'on s'y attend le moins, on peut rencontrer une occasion...

JERNINGHAM.

Comme celle-ci, n'est-ce pas? et il faut la saisir aux cheveux... Peste! c'est prudemment pensé. Voyons, donnez cela, et revenez dans une heure...

JOHN BRED.

Pour en toucher le montant?

JERNINGHAM.

Non, mais pour apporter à milord vos demandes.

JOHN BRED.

De fournisseurs de la cour?

JERNINGHAM.

Oui; milord les appuiera.

JOHN BRED.

Ce serait bien aimable à Sa Grâce. Mais il faudra aussi qu'elle nous donne un petit à-compte... oh! mon Dieu, rien que les trois quarts de ce qu'elle nous doit; nous attendrons pour le reste.

JERNINGHAM, de mauvaise humeur.

Eh bien, soit, revenez dans une heure.

JOHN BRED.

C'est convenu. (Montrant les Laquais.) Maintenant, il ne nous

reste plus qu'à faire des excuses à ces messieurs des coups...
JERNINGHAM.
Inutile, c'est leur état.
JOHN BRED.
Alors, c'est autre chose.

(Ils sortent tous.)

SCÈNE II

JERNINGHAM, MAC ALLAN, assis dans un coin.

JERNINGHAM, se croyant seul.

Les malotrus! de l'argent! ils veulent de l'argent parce qu'on leur en doit... La belle raison! (Apercevant l'Écossais.) Eh! eh! quel est celui-là? (Il va à Mac Allan). Mon ami...

MAC ALLAN, l'interrompant.

D'abord, je ne suis pas votre ami, attendu que je ne vous connais pas et que c'est la première fois que nous nous voyons.

JERNINGHAM.

Ah! nous sommes fier!

MAC ALLAN.

Nous sommes Écossais.

JERNINGHAM.

C'est cela que je voulais dire... Eh bien, vous avez entendu ce que j'ai dit à vos camarades; pourquoi n'êtes vous point parti avec eux?

MAC ALLAN.

Avec qui?

JERNINGHAM.

Avec les gens qui sortent d'ici.

MAC ALLAN.

Les gens qui sortent d'ici ne sont pas mes camarades.

JERNINGHAM.

N'êtes-vous pas un des créanciers de milord?

MAC ALLAN.

Oui, si la reconnaissance est considérée comme une dette; sinon, milord ne me doit rien.

JERNINGHAM.

Ah çà! mais, alors, qui êtes-vous?

MAC ALLAN.

Je suis Mac Allan, laird de Dumbiky, du comté de Durham.

JERNINGHAM.

Que voulez-vous?

MAC ALLAN.

Voir milord.

JERNINGHAM.

Dans quelle intention?

MAC ALLAN.

Pour obtenir de lui qu'il mette cette requête sous les yeux de Sa Majesté.

JERNINGHAM, avec dédain.

Alors, vous êtes un solliciteur.

MAC ALLAN.

Vous vous trompez, je ne sollicite pas.

JERNINGHAM.

Que faites-vous donc?

MAC ALLAN.

Je réclame.

JERNINGHAM, haussant les épaules.

C'est la même chose.

MAC ALLAN.

En Angleterre peut-être, mais pas en Écosse.

JERNINGHAM.

Et, venant demander un service à milord, vous vous êtes introduit chez lui avec violence.

MAC ALLAN.

Dame, on fait comme on peut; il y a quinze jours que j'essaye d'entrer par toutes les portes, et que, par toutes les portes, on me repousse.

JERNINGHAM.

De sorte qu'aujourd'hui...?

MAC ALLAN.

Au moment où j'étais en train de me morfondre, comme hier, comme avant-hier, comme les autres jours, j'ai rencontré des gens qui disaient : « Il faut que nous entrions ; et vous? — Et moi aussi, ai-je répondu, il faut que j'entre. » Alors, ils se sont mis à taper; moi, j'ai tapé comme eux; j'ai cru que c'était l'habitude en Angleterre. Moi, vous comprenez, je n'en sais rien, je suis Écossais... En tout cas, il paraît que c'est le bon moyen.

JERNINGHAM.
Oui, je vous ai vu à l'œuvre ; vous y alliez de bon cœur, mon maître !

MAC ALLAN.
Par esprit national, voilà tout.

JERNINGHAM.
Il est fâcheux, mon cher ami, qu'un si bel exploit ne doive vous mener à rien.

MAC ALLAN.
Il me semble cependant que, jusqu'à présent, cela ne va pas trop mal.

JERNINGHAM.
Oui ; mais, à présent, vous allez sortir.

MAC ALLAN.
Moi ?

JERNINGHAM.
Oui, vous.

MAC ALLAN.
Oh ! non, pas si fou ! on a trop de mal à entrer.

(Il s'assied.

JERNINGHAM.
Eh bien, mais que faites-vous donc ?

MAC ALLAN.
Vous le voyez, je m'assieds.

JERNINGHAM.
Vous vous asseyez ?

MAC ALLAN.
Je suis très-fatigué. Depuis sept heures du matin, je suis sur mes jambes.

JERNINGHAM.
Et que comptez-vous faire dans ce fauteuil ?

MAC ALLAN.
Parbleu ! je compte attendre.

JERNINGHAM.
Quoi ?

MAC ALLAN.
Le lever de Sa Grâce.

JERNINGHAM,
Sa Grâce ne se lèvera pas ce matin.

MAC ALLAN.

Pourquoi cela?

JERNINGHAM.

Parce qu'elle a couché dehors.

MAC ALLAN.

C'est bien, elle rentrera.

JERNINGHAM.

Ah çà! monsieur l'Écossais, faudra-t-il que je sonne?

MAC ALLAN.

Sonnez si vous voulez. Qu'est-ce que cela peut me faire, à moi?

JERNINGHAM.

Je vous préviens que c'est pour appeler les laquais.

MAC ALLAN.

Appelez.

JERNINGHAM.

Et que, si vous ne voulez pas sortir de bonne volonté...

MAC ALLAN.

Eh bien?

JERNINGHAM.

Ils vous feront sortir de force.

MAC ALLAN, se levant.

Par saint André, monsieur, n'avez-vous point parlé de me mettre à la porte?

JERNINGHAM.

Et, quand j'aurais parlé de cela, qu'auriez-vous à dire?

MAC ALLAN.

J'aurais à dire que, si mon oncle David Mac Mahon de Susquebaugh avait été aussi impertinent, lorsque, dans la nuit du 16 septembre 1651, Sa Majesté Charles II et Sa Grâce milord duc de Buckingham vinrent lui demander un asile, Sa Majesté aurait bien pu avoir la tête tranchée comme le roi son père, et Sa Grâce être pendue comme lord Monrose. (Se rasseyant.) Voilà ce que j'aurais à dire.

JERNINGHAM, à part.

Ah! diable! ceci, c'est autre chose. (Haut.) D'après ce que vous dites, monsieur, il paraîtrait qu'un membre de votre famille a rendu autrefois un service à milord.

MAC ALLAN.

Ah! mon Dieu, il lui a sauvé la vie, voilà tout. Mais, à cette epoque-là, la vie était comptée pour si peu de chose, qu'il n'y aurait rien d'étonnant à ce que milord eût oublié cette dette-là avec les autres.

JERNINGHAM, à part.

C'est probable. Mais si, par hasard, milord avait de la mémoire, il m'en voudrait peut-être d'avoir maltraité ce garçon. (Haut.) Écoutez-moi.

MAC ALLAN.

J'écoute.

JERNINGHAM.

Entendez-vous raison quelquefois?

MAC ALLAN.

Oui, quand on me parle poliment.

JERNINGHAM.

Je pèserai chaque parole.

MAC ALLAN.

Et pas de faux poids, hein?

JERNINGHAM.

Vous n'ignorez pas que milord est un des plus grands seigneurs du royaume.

MAC ALLAN.

Je sais cela.

JERNINGHAM.

Vous savez encore qu'on n'entre pas de force chez un simple particulier, encore moins chez le favori du roi.

MAC ALLAN.

Je n'entrerais pas de force chez un paysan qui me prierait poliment de rester dehors. Mais je vous ai raconté comment les choses s'étaient passées.

JERNINGHAM.

Aussi je vous excuse. Maintenant, voulez-vous vous en rapporter à ma parole?

MAC ALLAN.

C'est selon ce que vous me promettrez.

JERNINGHAM.

Je vous promets que je parlerai aujourd'hui à milord, et que, demain, milord vous recevra.

MAC ALLAN.

Sur votre honneur?

JERNINGHAM.

Sur mon honneur.

1.

MAC ALLAN.

Très-bien. Maintenant, faites attention que, si demain je n'entre pas, ce n'est plus à milord, c'est à vous que je m'en prends.

JERNINGHAM.

Vous ferez comme vous l'entendrez. Avez-vous un mémoire?

MAC ALLAN.

J'en ai deux. Un dans chaque poche. Voyez. (Lisant.) « Le 13 septembre 1651, jour de la bataille de Worcester, mon oncle David Mac Mahon de Susquebaugh passa toute la nuit enfoncé jusqu'au cou dans un marais... Le 14 septembre 1651, lendemain de la bataille de Worcester, mon oncle David Mac Mahon de Susquebaugh passa la journée tout entière caché dans les branches d'un arbre... Le 15 septembre... »

JERNINGHAM.

Mais l'affaire importante, l'hospitalité donnée au roi et à Sa Grâce...

MAC ALLAN.

Elle est à sa date. « Le 16 septembre 1651, surlendemain de la bataille de Worcester, mon oncle David Mac Mahon de Susquebaugh donna l'hospitalité...

JERNINGHAM.

Silence!

MAC ALLAN.

Qu'y a-t-il?

JERNINGHAM.

Monseigneur qui sort de son lit... Et vite, vite!

MAC ALLAN.

Quoi, vite?

JERNINGHAM.

Il pourrait trouver mauvais qu'un étranger fût ici sans que je l'eusse averti de sa présence.

MAC ALLAN.

C'est juste. Mais vous l'avertirez, c'est convenu.

JERNINGHAM.

Aujourd'hui même.

MAC ALLAN.

Alors, demain?...

JERNINGHAM.

Demain, vous pourrez vous présenter à l'hôtel, votre nom sera donné.

MAC ALLAN.

Dites-lui que, pour cette hospitalité donnée au roi et au duc, le séquestre a été mis par Cromwell sur les biens de mon oncle David, et que ce séquestre n'est pas encore levé.

JERNINGHAM.

C'est bien, c'est bien... on le lèvera. (Mac Allan veut sortir par le fond.) Non, non, par ici... Vous pourriez rencontrer milord. Traversez cette chambre, la porte à gauche, le corridor à droite, puis, tout au bout, l'escalier dérobé... Allez, allez... (A part.) Il était temps.

SCÈNE III

LE DUC DE BUCKINGHAM, en robe de chambre, suivi de DEUX LAQUAIS, dont l'un porte la veste et l'autre le manteau, le chapeau et l'épée ; on pose le tout sur des chaises. JERNINGHAM.

LE DUC.

Viendra-t-on quand je sonne ?

JERNINGHAM.

J'étais retenu ici pour le service de Votre Grâce.

LE DUC.

Vraiment ?

JERNINGHAM.

La matinée a été chaude, monseigneur.

LE DUC.

En effet, j'ai entendu quelque bruit.

JERNINGHAM.

C'étaient les fournisseurs de Votre Grâce qui forçaient la porte.

LE DUC.

Il fallait les jeter par la fenêtre. À quoi s'occupent donc tous ces fainéants de valets que je vois bâiller à se démonter la mâchoire toutes les fois que je traverse mes antichambres ?

JERNINGHAM.

Ce n'est pas leur faute, monseigneur ; ils ont fait une résistance superbe. Mais le Dieu des armées s'est déclaré contre eux, et ils ont été battus.

LE DUC.

Et alors?

JERNINGHAM.

Alors les fournisseurs de Sa Grâce ont fait irruption jusque dans ce boudoir.

LE DUC.

Que voulaient-ils, en définitive?

JERNINGHAM.

Ils voulaient savoir quand monseigneur daignerait les payer.

LE DUC.

Ils sont bien curieux... Mes lettres.

JERNINGHAM, à un Valet.

Les lettres de monseigneur.

LE DUC.

Et après?

JERNINGHAM.

L'intendant de milord est venu.

LE DUC.

Que la peste l'étouffe!

JERNINGHAM.

Monseigneur ne peut faire un souhait plus facile à exaucer. Nous avons justement cette terrible maladie sous la main.

LE DUC.

Qu'est-il donc arrivé? est-ce que ce vaisseau pestiféré a rompu son ban?

JERNINGHAM.

Non, monseigneur; mais, comme il est chargé d'étoffes d'Orient, étoffes dont nos dames sont très-curieuses, il paraît que des contrebandiers sont parvenus à tromper la vigilance des gardes, et que des symptômes de peste se sont manifestés hier dans la Cité. Deux marchands qui avaient acheté de ces marchandises en sont morts.

LE DUC.

C'est justice : ils sont punis par où ils ont péché. Mais il me semble qu'avant de parler de la peste, nous parlions d'autre chose.

JERNINGHAM.

Je disais à monseigneur que son intendant...

LE DUC.

Ah! c'est juste.

JERNINGHAM.

Était venu pour causer avec Sa Grâce de cette hypothèque prise sur son domaine d'York.

LE DUC.

Eh bien, mais que les usuriers s'en emparent, qu'ils le dépècent, qu'ils le vendent, puisqu'il est impossible de le tirer de leurs mains.

JERNINGHAM.

Je ferai observer à monseigneur que son intendant parle non pas d'impossibilités, mais de difficultés seulement.

LE DUC.

S'il y a des difficultés, qu'il les aplanisse.

JERNINGHAM.

Mais, milord...

LE DUC.

Ah çà! monsieur Jerningham, il me semble que, si j'ai un intendant, c'est pour qu'il me vole d'abord et pour qu'il fasse mes affaires ensuite. Il m'a volé, eh bien, qu'il fasse mes affaires maintenant. Chaque chose à son tour, que diable!

JERNINGHAM.

Aussi prétend-il que, si milord veut signer ce papier.

LE DUC.

Ah çà! mais, niais que vous êtes, donnez-le donc tout de suite; il fallait commencer par là. (Il signe et trouve sur la table la demande de Mac Allan.) Et cet autre papier, est-ce encore quelque chose à signer? Pendant que j'y suis...

JERNINGHAM.

Non, monseigneur; ceci, c'est la requête d'un pauvre diable d'Écossais.

LE DUC, quittant la table.

Quand donc tous ces mendiants retourneront-ils dans leurs montagnes, et débarrasseront-ils, une fois pour toutes, l'Angleterre de leurs réclamations?

JERNINGHAM.

Celui-ci prétend qu'il a des droits à la bienveillance de Votre Grâce.

LE DUC.

Comment se nomme-t-il?

JERNINGHAM.

Mac Allan, laird de Dumbiky.

LE DUC.

Je ne le connais pas.

JERNINGHAM, aidant le Duc à mettre son pourpoint et son manteau.

Aussi dit-il que ce n'est pas lui, mais que c'est son oncle David Mac Mahon de Susquebaugh...

LE DUC.

En effet, je crois me souvenir de ce nom.

JERNINGHAM.

Qui a eu l'honneur d'offrir l'hospitalité au roi et à milord, trois jours après la bataille de Worcester.

LE DUC.

Le surlendemain, monsieur, le surlendemain ; il nous a même donné un souper détestable. Je m'en souviens comme si c'était aujourd'hui. S'il n'a que ce souvenir-là à invoquer...

JERNINGHAM.

Et cependant, monseigneur, ce souper, il l'a payé de toute sa fortune. Le protecteur a su l'anecdote et a mis le séquestre sur ses biens.

LE DUC.

Mais ce séquestre a été levé lors de la rentrée du roi.

JERNINGHAM.

Justement, milord, voilà l'erreur. On a oublié cette formalité, de sorte que la famille est ruinée.

LE DUC, froidement.

Ah ! vraiment ? Pauvres gens !

JERNINGHAM.

Mais un seul mot de Votre Grâce qui rappelle à Sa Majesté cet oubli, et...

LE DUC.

Ah ! oui... avec cela que le moment est bien choisi, et que nous sommes dans de bons termes, Sa Majesté et moi ! je ne sais quelles sottes histoires on aura encore été lui faire sur mon compte ; de sorte que nous sommes au plus mal. Hier, à son lever, à peine si Sa gracieuse Majesté m'a parlé. Tout le monde me croit perdu, et l'on chante déjà ma disgrâce sur vingt airs différents.

JERNINGHAM.

Que dirai-je alors à ce pauvre garçon lorsqu'il reviendra ?

LE DUC.

Vous lui direz de ne plus revenir. (Au Valet, qui lui apporte ses lettres sur un plateau d'argent.) Qu'est cela ?

JERNINGHAM.

Le courrier de monseigneur. Monseigneur n'attendait-il pas ses lettres ?

LE DUC.

Voyons : « Vous êtes un ingrat et un perfide. » Ah! bien! une litanie sur le parjure, une jérémiade sur la perfidie. De vieilles paroles auxquelles on ne s'est pas même donné la peine de faire un air nouveau... « Duchesse de Clarick... » Brûlez cela, monsieur Jerningham, brûlez. (Il cherche une autre lettre.) Voyons celle-ci. Ah! c'est de la petite comtesse de Sussex, la fille d'honneur de la reine... « Mon beau duc!... je vous écris avec une plume arrachée à l'aile de l'Amour... » Ah! pardieu! comtesse, vous lui en avez encore laissé assez pour qu'il s'envole. Pendant que vous le teniez, vous auriez bien dû le plumer tout entier, ce drôle-là. « Pour vous dire que, selon votre promesse, je vous attendrai ce soir à onze heures, pleine de confiance dans mon Buckingham. » Ces petites filles ne doutent de rien, ma parole d'honneur! Brûlez, brûlez, Jerningham... Ah! diable!... cette écriture... Je ne me trompe pas... non... (Il ouvre précipitamment la lettre.) « Nelly ! »

JERNINGHAM.

Une lettre de Nelly?

LE DUC.

Eh bien, qu'y a-t-il donc là d'étonnant? ne savez-vous pas que je suis un de ses adorateurs? (Lisant.) « Milord duc, vous m'avez dit souvent que vous n'aviez rien à me refuser. J'ai une grâce à vous demander; pouvez-vous me recevoir ce matin en audience très-particulière?... » Je le crois bien, pardieu! Ah! elle y vient donc, à la fin !

JERNINGHAM.

Comment, monseigneur, la favorite du roi?

LE DUC.

Vous savez bien, monsieur Jerningham, que j'ai pour habitude d'être le rival éternel de Sa Majesté.

JERNINGHAM.

Monseigneur, vous vous perdrez par trop d'audace.

LE DUC.

Mais non, au contraire; tu sais bien que je n'ai jamais eu d'autre planche de salut. C'est par ses favorites que j'ai toujours dominé le roi. Nelly avait résisté seule, et la voilà qui y vient d'elle-même. Il faut que j'entre à toute heure chez le roi, sinon par la porte, du moins par la fenêtre. Escalier ou échelle, peu m'importe. L'échelle de Nelly est placée, et solidement, à ce que je crois du moins; va pour l'échelle.

JERNINGHAM.

Monseigneur ferait bien mieux de s'occuper de cette jeune fille dont je lui ai parlé.

LE DUC.

Monsieur Jerningham, je vous vois venir. Vous avez peur et vous voulez me lancer sur une fausse piste.

JERNINGHAM.

Non, d'honneur, milord, cette jeune fille est un trésor.

LE DUC.

Cette petite Écossaise?

JERNINGHAM.

Une véritable rose des monts Cheviots.

LE DUC.

Jolie?

JERNINGHAM.

Comme toutes les Nelly de la terre.

LE DUC.

Chut! pas de sacrilège. Quand la divinité sera renversée de son autel, vous blasphémerez tout à votre aise.

JERNINGHAM.

Et sage...

LE DUC.

Monsieur Jerningham, vous m'en direz tant, que je ne vous croirai plus. Et où loge cette merveille?

JERNINGHAM.

Au *Chardon d'Écosse*.

LE DUC.

C'est bon... Surveillez-la... et, si j'ai un instant, nous verrons.

JERNINGHAM.

Cela suffit, monseigneur.

LE DUC.

Maintenant, faites-moi le plaisir de surveiller l'arrivée de Nelly, et, dès qu'elle paraîtra, faites-la monter par l'escalier dérobé. Allez, monsieur Jerningham, allez; puis, comme je ne veux pas être dérangé, donnez l'ordre qu'on ne laisse entrer ni sortir personne de l'hôtel.

SCÈNE IV

LE DUC, seul, relisant la lettre.

« Milord duc, vous m'avez dit souvent que vous n'aviez rien à me refuser. J'ai une grâce à vous demander; pouvez vous me recevoir ce matin en audience très-particulière? » Ces femmes ont une manière d'écrire qui dit tout et ne dit rien. Je ne sais vraiment pas pourquoi on leur interdit la politique. La plus naïve jeune fille en remontrerait au plus rusé diplomate. (Relisant.) « Milord duc... » Ah! j'entends du bruit du côté de l'escalier dérobé. C'est elle, sans doute.

(Il va à la porte et l'ouvre doucement, tandis que, de son côté, Mac Allan la pousse avec précaution.)

SCÈNE V

LE DUC, MAC ALLAN.

Ils avancent la tête chacun d'un côté de la porte.

LE DUC.

Venez, belle Nelly, venez.

MAC ALLAN.

Pardon, mais c'est que je me suis perdu.

LE DUC.

Qui êtes-vous?

MAC ALLAN.

Je suis Mac Allan, laird de Dumbiky.

LE DUC.

Que cherchez-vous?

MAC ALLAN.

Je cherche mon chemin.

LE DUC.

Que voulez-vous?

MAC ALLAN.

Sortir d'ici.

LE DUC.

Qui vous en empêche?

MAC ALLAN.

Je me suis égaré.

LE DUC.

Comment, égaré?

MAC ALLAN.

Oui, tout à l'heure, j'étais là à causer avec M. Jerningham. Tout à coup, il m'a poussé dans cette chambre en me disant : « La porte à gauche ou à droite, — je ne sais plus bien ; — le corridor à droite ou à gauche, — je ne me rappelle plus ; — l'escalier dérobé, le couloir, l'antichambre ; » tout cela s'est mêlé dans mon esprit ; j'ai pris la porte en face, je n'ai trouvé aucun corridor. J'ai cherché inutilement l'escalier dérobé ; je n'ai pas osé appeler, je n'ai pas osé sonner, et, depuis un quart d'heure, je me promène de chambre en chambre... sans savoir où je vais. Mais, puisque vous voilà, vous allez me montrer mon chemin, et, si jamais vous venez en Écosse, et que vous ayez besoin d'un guide, eh bien, je vous rendrai la pareille.

LE DUC, montrant la porte du fond.

Merci. Prenez cette porte, elle donne dans l'antichambre. Cette fois, il n'y aura plus à vous tromper. Allez.

MAC ALLAN.

Très-bien. (Il fait un pas vers la porte et revient). A propos, est-ce que vous êtes attaché à la maison du duc?

LE DUC.

Non, je suis son ami.

MAC ALLAN, revenant.

Son ami! diable!... un instant. (Tirant sa requête.) « Le 13 septembre 1651, mon oncle David Mac Mahon de Susquebaugh passa la nuit enfoncé jusqu'au cou dans un marais. »

LE DUC.

Eh bien, que m'importe, à moi?

MAC ALLAN.

Attendez. « Le 14 septembre 1651, mon oncle David Mac Mahon de Susquebaugh... »

LE DUC.

Chut!

MAC ALLAN.

Quoi?

LE DUC.

C'est elle, cette fois.

MAC ALLAN.

Qui, elle?

LE DUC.

Mon cher ami, vous me conterez tout cela demain. Mais j'attends quelqu'un avec qui je désire demeurer seul.

MAC ALLAN.

Je ne veux gêner personne; vous me promettez de parler au duc?

LE DUC.

Je vous le promets.

MAC ALLAN.

Alors, à demain.

LE DUC.

Oui, à demain... Allez, allez, par cette porte... Bien !

(Mac Allan sort; le Duc tire la porte du fond. En même temps, Nelly entr'ouvre la porte de côté.)

SCÈNE VI

LE DUC, NELLY.

NELLY.

On m'a dit que je pouvais entrer sans être indiscrète.

LE DUC.

Vous, indiscrète, charmante Nelly? Comment donc! vous ne croyez pas un mot de ce que vous dites, j'espère... C'est moi, tout au contraire, qui, depuis une heure, vous attends avec une impatience...

NELLY.

Je comprends cela. Votre Grâce est si bien habituée à faire attendre les autres.

LE DUC.

Mettez mon exactitude à l'épreuve, belle Nelly, et vous verrez que je suis un composé de contrastes.

NELLY.

En vérité, monseigneur, en vous trouvant si plein de galanterie pour moi, je suis désespérée d'avoir si peu de chose à vous demander.

LE DUC.

Comment! je suis assez heureux pour que vous ayez une demande à me faire, madame? Parlez vite, et, à part les étoiles du ciel, qui appartiennent à Dieu, et la couronne d'Angleterre, qui est au roi, je mets tout le reste à votre disposition.

NELLY.

Oh! mon Dieu, quel malheur, je le répète, d'être si humble dans mes désirs, quand je suis, à ce qu'il paraît, si puissante auprès de vous!

LE DUC.

Eh! madame, vous connaissez mieux que personne cette puissance dont vous paraissez douter; et je suis même on ne peut plus étonné que, pouvant tout exiger de Dieu, vous veniez faire votre prière à l'un de ses saints.

NELLY.

Et, si c'est à vous, milord, que je voulais avoir cette reconnaissance et non au roi, qu'avez-vous à dire?

LE DUC.

Que vous me rendez fier et heureux en me plaçant sur la même ligne que Sa Majesté!

NELLY.

Eh bien, milord, puisqu'il faut en arriver au sujet de ma visite, je vous dirai que je viens vous prier de rendre la liberté à un pauvre diable de poëte qui est en prison.

LE DUC.

Sans doute pour avoir fait quelque satire contre Sa très-gracieuse Majesté ou contre son très-indigne favori.

NELLY.

Oh! mon Dieu, non; pour avoir tout bonnement oublié de payer un billet de cinquante livres sterling, ce qui est beaucoup plus prosaïque. Aussi, milord, je viens à vous qui êtes le distributeur des largesses royales, vous prier au nom des Muses, les seules maîtresses auxquelles vous ne soyez pas infidèle, de faire cette aumône à un pauvre confrère.

LE DUC.

Comment! la belle Nelly, la reine de la prodigalité, la fée de la bienfaisance, a recours à moi pour cinquante livres sterling? Décidément, comme je m'en étais douté, mon adorable Thalie, votre demande n'était qu'un prétexte.

NELLY.

Vraiment! vous avez déjà eu cette idée?

LE DUC.

Un baiser contre mille louis, madame, et répondez franchement; je tiens le pari. Vous n'êtes pas venue pour me demander une chose qu'il était si facile de faire vous-même, n'est-ce pas?

NELLY.

Vous avez le don de lire au plus profond des cœurs, milord, et une pauvre femme est bien malheureuse quand elle se présente devant vous ; car elle ne peut cacher le plus petit secret à Votre Grâce. Eh bien, oui, milord, vous avez deviné juste.

LE DUC.

Ainsi votre prétendu protégé...?

NELLY.

Un instant, un instant ; le protégé existe toujours, quoique, pour l'heure, il soit relégué au second plan. Laissez-moi la conscience d'avoir fait une bonne action en même temps qu'une démarche hasardeuse ; l'une servira d'excuse à l'autre.

LE DUC.

Ainsi vous disiez...?

NELLY.

Je disais, milord, que j'étais heureuse de voir votre empressement à mon égard.

LE DUC.

Est-ce parce que vous y trouvez la preuve que, malgré vos rigueurs, je vous aime encore?

NELLY.

Non, mais parce que j'y puise la conviction que, malgré mes bontés, le roi m'aime toujours.

LE DUC.

Comment cela, madame? Je cherche à comprendre...

NELLY.

Ah! pour un diplomate, milord...

LE DUC.

J'avoue ma maladresse.

NELLY.

Eh bien, milord, j'avais peur, je ne sais pourquoi, d'avoir, depuis quelques jours, près de Sa Majesté une rivale... triomphante... Mais, puisque le duc de Buckingham, le compagnon, le favori, le confident du roi... me reçoit à ma première requête... m'accorde du premier coup la grâce que je lui demande, et veut bien me faire entendre qu'il ne me trouve pas tout à fait indigne de son attention, c'est que ma puissance n'a subi aucune atteinte... Milord duc de Buckingham est trop bon courtisan pour user son crédit en faveur d'une femme qui aurait perdu le sien. Merci deux fois, milord: merci pour mon poëte, merci pour moi.

LE DUC, piqué.

Si c'est pour cela véritablement que vous êtes venue, madame, rassurez-vous ; vous êtes toujours la seule, la véritable reine... reine de beauté, reine de puissance, et, malgré le désappointement que j'éprouve, soyez convaincue que Votre Majesté trouvera en moi un fidèle et dévoué serviteur. Qu'elle ordonne donc, et je suis prêt à lui prouver mon obéissance à ses moindres désirs.

NELLY.

Eh bien, Ma Majesté ordonne que vous alliez me chercher une bourse de cent livres sterling pour mon pauvre prisonnier. Allez, milord.

LE DUC.

A l'instant même, madame ; et vous m'excuserez, je l'espère, de vous laisser seule, en songeant que cette incivilité apparente n'est qu'une preuve de mon obéissance réelle.

(Il sort par une des portes de côté.)

SCÈNE VII

NELLY, seule.

Tous ces hommes à la mode sont véritablement bien étranges ! On ne peut faire un pas vers eux, qu'ils ne prennent ce pas pour une avance... le duc surtout. Mais qu'a-t-il donc de plus que les autres, le duc ?... Il est bien fait, c'est un caprice de la nature... il est élégant, c'est un compliment à faire à son tailleur... il est généreux, parce qu'il est plus facile de donner que de refuser... gai, parce qu'il est jeune et se porte bien... brave, parce qu'une lâcheté le déshonorerait... spirituel, parce qu'il ne peut pas s'empêcher de l'être... voilà tout... Eh bien, mais, au fait, c'est quelque chose que tout cela... c'est beaucoup même... c'est trop !... et, si jamais j'oubliais le roi, décidément ce ne serait pas pour le duc, car j'aurais peur, à mon tour, d'en devenir folle.

SCÈNE VIII

NELLY, assise; MAC ALLAN, rouvrant la porte du fond et passant la tête par l'entre-baillement.

MAC ALLAN.

Dites-moi donc, vous vous êtes trompé : on ne peut pas sortir. Monseigneur le duc de Buckingham a défendu d'ouvrir la porte de l'hôtel à qui que ce fût. De sorte que je suis prisonnier !... (Apercevant Nelly.) Tiens, une femme !

NELLY.

Que demandez-vous, mon ami?

MAC ALLAN.

Pardon, madame; je demande à m'en aller, voilà tout. Mais il paraît qu'il est aussi difficile de sortir d'ici que d'y entrer.

NELLY.

Comment cela ?

MAC ALLAN.

Il paraît que milord attendait quelqu'un et désirait ne pas être troublé dans son tête-à-tête; car il a donné l'ordre de ne laisser entrer ni sortir personne.

NELLY, à part.

Allons, décidément, monseigneur se croyait en bonne fortune.

MAC ALLAN.

Si seulement vous aviez la bonté de me dire où je puis attendre... j'attendrais, moi, madame; je ne suis pas pressé.

NELLY.

Non, c'est inutile; je dirai un mot au duc, et il lèvera la consigne.

MAC ALLAN.

Vous connaissez donc le duc?

NELLY.

Beaucoup.

MAC ALLAN.

Et vous avez de l'influence sur lui?

NELLY, souriant..

Je suis toute-puissante pour le moment.

MAC ALLAN.

En ce cas, madame, permettez, vous pouvez me rendre un grand service.

NELLY.
Dites. J'ai un faible pour les Écossais.
MAC ALLAN, tirant un placet de sa poche.
Mon oncle David Mac Mahon de Susquebaugh...
NELLY.
Comment! David Mac Mahon de Susquebaugh, dites-vous?
MAC ALLAN.
Oui, c'était mon oncle.
NELLY.
Alors vous êtes donc...?
MAC ALLAN.
Je suis son neveu.
NELLY.
Mac Allan?
MAC ALLAN.
Laird de Dumbiky.
NELLY.
C'est cela.
MAC ALLAN.
Comment! vous me connaissez?
NELLY.
Et vous, vous ne me reconnaissez pas?
MAC ALLAN.
Non.
NELLY.
Regardez-moi.
MAC ALLAN.
Attendez donc...
NELLY.
Eh bien?
MAC ALLAN.
Impossible!
NELLY.
Pourquoi?
MAC ALLAN.
Vous ressemblez...
NELLY.
A qui?
MAC ALLAN.
A une petite fille...

NELLY.

Après?

MAC ALLAN.

Qui avait été abandonnée.

NELLY.

Par qui?

MAC ALLAN.

Par des bohémiens.

NELLY.

Où?

MAC ALLAN.

Sur les bords de la Tweed.

NELLY.

Et qui fut recueillie?

MAC ALLAN.

Par mon oncle David.

NELLY.

Elle s'appelait?

MAC ALLAN.

Nelly.

NELLY.

C'est cela même.

MAC ALLAN.

Comment! cette petite fille...?

NELLY.

Oui.

MAC ALLAN.

Qui a quitté l'Écosse il y a quinze ans...?

NELLY.

Oui.

MAC ALLAN.

Cette Nelly...?

NELLY.

Oui.

MAC ALLAN.

C'était...?

NELLY.

C'était moi.

MAC ALLAN.

C'était toi! Oh! pardon, madame, mille fois pardon!

NELLY.

Non, non... Mais voyons vite, mon cher Dumbiky, que voulez-vous? que désirez-vous? que venez-vous chercher à Londres?

MAC ALLAN.

Vous savez que mon oncle avait été ruiné par le séquestre?

NELLY.

Oui; mais je présume qu'à la rentrée du roi ce séquestre a été levé.

MAC ALLAN.

Au contraire.

NELLY.

Oh! mon Dieu! dites vite, car j'ai beaucoup à racheter envers vous et votre famille. Vous venez ici...?

MAC ALLAN.

Faire valoir mes droits à la fortune de mon oncle, dont je suis le seul héritier.

NELLY.

Alors, on vous a dit qu'il fallait s'adresser au duc de Buckingham.

MAC ALLAN.

M'aurait-on trompé?

NELLY.

Non, à lui d'abord; puis, s'il ne fait pas ce que nous voulons...

MAC ALLAN.

Eh bien?

NELLY.

Eh bien, nous irons plus haut.

MAC ALLAN.

Mais plus haut que lui, c'est le roi.

NELLY.

Eh bien, nous irons au roi... Chut! le voilà!

MAC ALLAN, tirant le placet de sa poche.

Qui? le roi?

NELLY.

Non, le duc.

MAC ALLAN.

Comment! le duc, c'est...?

NELLY.

C'est Sa Grâce, à laquelle j'ai l'honneur de vous présenter.

SCÈNE IX

Les Mêmes, LE DUC.

LE DUC à part.

Encore cet Écossais! (Haut.) Voudrez-vous bien m'expliquer, madame..:?

NELLY.

C'est tout simple, milord : j'avais un protégé en prison à Newgate, et un protégé en prison chez vous. Vous vous plaigniez tout à l'heure que je vous demandasse si peu. Maintenant, milord, je vous demande beaucoup.

LE DUC.

Et que demandez-vous, madame?

NELLY.

Je vous demande votre protection pour ce jeune homme, qui vient faire auprès de Sa Majesté la réclamation la plus juste qui ait jamais existé.

MAC ALLAN.

Oh! pour cela, oui... Mon oncle David Mac Mahon de Susquebaugh...

LE DUC.

Je sais, je sais... Mais comment ce jeune homme est-il encore ici?

NELLY, d'un ton railleur.

Par la raison infiniment simple que, Votre Grâce ayant craint, sans doute, que je ne voulusse fuir de force, avait donné l'ordre de ne laisser sortir personne.

LE DUC.

C'est juste; je l'avais oublié. Vous pardonnez?...

NELLY.

D'autant plus volontiers que, sans cela, je n'eusse point rencontré mon jeune ami le laird de Dumbiky.

LE DUC.

Mais vous connaissez donc ce jeune homme?

NELLY.

Nous avons été élevés ensemble. N'avez-vous pas entendu dire quelquefois, milord, par ces marchands de scandale qu'on appelle les poëtes, que j'étais une pauvre enfant de bohème, oubliée par mes parents sur les bords d'une rivière, et recueillie par un brave laird écossais?

LE DUC.

Oui; mais je n'en ai pas cru un mot.

NELLY.

Eh bien, vous avez eu tort, monseigneur, car c'est l'exacte vérité. Eh bien, ce brave laird écossais qui m'a recueillie...

LE DUC.

C'était...?

MAC ALLAN.

C'était mon oncle David Mac Mahon de...

LE DUC.

Ah çà! mais, ce gaillard-là, il a donc recueilli tout le monde?

NELLY.

Vous sentez, milord, qu'après un pareil service, je serai très-reconnaissante à celui...

LE DUC.

Cela suffit, madame, et vous pouvez être tranquille.

NELLY, à Mac Allan, à demi-voix.

Où demeurez-vous?

MAC ALLAN.

A l'auberge du *Chardon d'Écosse*.

NELLY.

J'irai vous y voir.

MAC ALLAN.

Bien.

NELLY.

Milord...

LE DUC, faisant le geste de conduire Nelly à la porte secrète.

Madame, si vous voulez accepter mon bras...

NELLY.

Oh! non... Par la porte de tout le monde, milord. Réservez celle-ci pour les grandes dames qui viennent vous rendre visite incognito. La pauvre Nelly, comédienne au théâtre de Drury-Lane, n'est point digne de tant d'honneur.

LE DUC, à part.

Ah! démon, tu m'as joué... mais je prendrai ma revanche.

(Il conduit Nelly jusqu'au fond.)

SCÈNE X

LE DUC, MAC ALLAN, puis JERNINGHAM.

MAC ALLAN, à part.

Si je comprends quelque chose à tout ce qui m'arrive aujourd'hui, je veux que...

LE DUC, redescendant la scène.

Eh bien, voyons, mon jeune ami, de quoi s'agit-il ?

MAC ALLAN, à part.

Le duc m'appelle son ami !

LE DUC.

Vous dites donc que cette requête...?

MAC ALLAN.

A besoin d'être appuyée par Votre Grâce.

JERNINGHAM, entrant, bas, au Duc.

Milord...

LE DUC, à l'Écossais.

Vous permettez ?

MAC ALLAN.

Comment donc !

LE DUC, bas, à Jerningham.

Qu'y a-t-il ?

JERNINGHAM, bas.

Ce sont vos fournisseurs qui reviennent avec leurs placets.

LE DUC.

Et ils veulent...?

JERNINGHAM.

Être brevetés de la cour.

LE DUC.

Rien que cela ?

JERNINGHAM.

Pardon, Votre Seigneurie... ils exigent aussi que vous leur donniez un à-compte sur leurs mémoires.

LE DUC.

Un à-compte ?... Rien n'est plus facile.

JERNINGHAM, étonné.

Notre caisse est vide.

LE DUC.

Écoute !

(Il lui parle bas à l'oreille.)

JERNINGHAM, bas, montrant l'Écossais.

Ce jeune homme!.. quoi! vous voulez...?

LE DUC.

De cette façon, j'aurai l'air de m'occuper du protégé de Nelly, et je ferai patienter mes vampires... Allons, va...

(Jerningham sort.)

MAC ALLAN, à part.

Que diable ont-ils à chuchoter ensemble?

LE DUC.

Maintenant, mon cher, me voilà tout à vous.

MAC ALLAN.

Que de bonté! Ainsi vous consentez, monseigneur, à remettre cette supplique à Sa Majesté?

LE DUC.

Je ferai mieux que cela : je vous présenterai vous-même.

MAC ALLAN.

Au roi?

LE DUC.

Oui; mais, vous comprenez, vous ne pouvez pas venir comme cela à la cour.

MAC ALLAN.

Pourquoi cela?

LE DUC.

Il vous faut des chevaux, des habits, des laquais, des voitures, un train enfin.

MAC ALLAN.

A moi?

LE DUC.

Sans doute. Si vous aviez l'air d'avoir besoin de quelque chose, on ne vous donnerait rien, mon cher ami.

MAC ALLAN.

En vérité?

LE DUC.

Oh! c'est ainsi!

MAC ALLAN.

Mais, moi, je n'ai pas d'argent pour acheter tout cela.

LE DUC.

Le beau mérite d'acheter avec de l'argent! Qui donc a de l'argent? On a du crédit, voilà tout.

MAC ALLAN.

Mais je n'ai pas de crédit, moi!

LE DUC.

Pas de crédit? Allons donc!... Quand on est neveu de David Mac Mahon de Susquebaugh, on peut acheter pour dix mille livres sterling sans tirer un penny de sa poche.

MAC ALLAN.

Vraiment?

LE DUC.

Vous allez voir... Je vais vous présenter à mes fournisseurs... les coquins les plus habiles, les plus chers et les plus commodes du monde.

SCÈNE XI

Les Mêmes, JERNINGHAM, JOHN BRED, RUSSEL, DIKINS, Créanciers.

LE DUC.

Bonjour, messieurs, bonjour. Je sais de quoi il est question... Remettez-moi vos demandes.

JOHN BRED.

Comment, monseigneur, vous daigneriez...?

LE DUC.

Avec le plus grand plaisir, messieurs... Enchanté de faire quelque chose qui puisse être agréable à de si honnêtes gens.

JOHN BRED.

Eh bien, puisque nous trouvons Sa Grâce dans de si bienveillantes dispositions, nous en profiterons pour lui demander un léger à-compte.

LE DUC.

C'est trop juste... Écoutez. (Bas, à John Bred.) Si je vous fais monter la maison d'un de mes amis, riche à millions, les bénéfices que vous allez faire ne vous feront-ils pas prendre patience?...

JOHN BRED.

Certainement, Votre Seigneurie...

LE DUC, bas, lui montrant Mac Allan.

Eh bien, voilà le laird de Dumbiky... Je veux que le diable m'emporte s'il ne possède pas la moitié de l'Écosse... Mais, fantasque, bizarre, il a une manie : il dit toujours qu'il ne possède rien... Ne vous inquiétez pas de ses paroles, mes maîtres, et taillez en plein drap... Les guinées sont au bout de l'aune.

(John Bred va parler aux autres Créanciers.)

JERNINGHAM, à qui un Laquais est venu parler bas.

Monseigneur...

LE DUC.

Eh bien?

JERNINGHAM.

Chiffinch, le valet de chambre de Sa Majesté, demande à parler à Votre Grâce.

LE DUC.

Faites-le entrer dans mon cabinet... J'y vais. Messieurs, cela tombe à merveille, justement le roi me fait demander.

(On voit Chiffinch qui passe au fond.)

JOHN BRED.

Oh! monseigneur...

LE DUC.

Adieu, messieurs; je vous recommande mon jeune ami le laird de Dumbiky. Traitez-le comme moi-même. (A part.) Le malheureux! ils vont l'écorcher vif.

(Il sort.)

SCÈNE XII

Les Mêmes, hors LE DUC.

JOHN BRED, s'inclinant.

Milord, nous sommes vos très-humbles serviteurs.

(John Bred, Russel et Dikins entourent Mac Allan, qui les regarde avec une certaine inquiétude.)

MAC ALLAN.

Milord!

RUSSEL.

Sa Grâce monte sa maison, à ce qu'on nous assure?

MAC ALLAN.

Moi? Je ne monte rien du tout. Si l'on vous a dit cela, on vous a trompés.

DIKINS.

Soyez tranquille, monseigneur, vous ne trouverez nulle part meilleurs fournisseurs que nous.

JOHN BRED.

De quel poil milord désire-t-il son attelage?

MAC ALLAN.

Mon attelage?

RUSSEL.

Quelles sont les couleurs que milord préfère pour ses habits?

MAC ALLAN.

Mes habits?

DIKINS.

Monseigneur veut-il ses tentures en velours ou en soie?

MAC ALLAN.

Mes tentures?

JOHN BRED.

Je conseillerais à milord de prendre ses chevaux bais bruns, et ses carrosses vert-bouteille.

RUSSEL.

Si Sa Grâce veut être à la mode, les trousses bleues, le pourpoint gris et argent et le manteau grenat sont très-bien portés.

DIKINS.

A la place de monseigneur, je préférerais les tentures de velours... C'est un peu plus cher, mais c'est véritablement royal.

MAC ALLAN.

Ah çà! messieurs, êtes-vous fous?

JOHN BRED.

Pas le moins du monde, milord; au contraire, nous savons parfaitement ce que nous faisons.

MAC ALLAN.

Mais qui payera tout cela?

RUSSEL.

Que Votre Grâce se rassure, nous ne sommes point inquiets.

MAC. ALLAN.

Ce n'est pas moi, dans tous les cas, attendu que je suis pauvre comme Job, je vous en préviens.

DIKINS.

Oui, nous savons que c'est la manie de monseigneur de ne pas avouer qu'il est riche.

MAC ALLAN.

De ne pas avouer que je suis riche?... Répétez un peu, s'il vous plait, que c'est ma manie...

DIKINS.

Pardon si j'ai offensé monseigneur.

MAC ALLAN.

Monseigneur, Sa Grâce, milord, ma manie! Ah çà! messieurs, pas de précipitation... un peu de calme. Entendons-nous bien avant de faire les choses... ou bien, nous en serons fâchés après, vous verrez... et vous encore plus que moi.

JOHN BRED.

Ainsi, les chevaux bais bruns et les carrosses vert-bouteille.

MAC ALLAN.

Vous y tenez?

RUSSEL.

Six habits assortis dans les couleurs les plus à la mode.

MAC ALLAN.

Vous ne voulez pas en démordre?

DIKINS.

Des tentures de velours.

MAC ALLAN.

C'est votre opinion?

JOHN BRED.

Parfaitement.

MAC ALLAN.

Messieurs, je vous dis et je vous répète...

JERNINGHAM, bas.

Laissez-vous faire.

MAC ALLAN, bas.

Que je me laisse faire?

JERNINGHAM, bas.

C'est pour votre bien.

MAC ALLAN.

Vous le voulez absolument?

TOUS.

Eh! oui, sans doute.

MAC ALLAN.

Eh bien, alors, c'est dit, c'est convenu... Dix laquais en livrée dans mes antichambres; de l'argenterie à foison; des armoiries partout, des tableaux, des bronzes, un appartement meublé dans le dernier goût; six habits assortis; des carrosses bais bruns et des chevaux vert-bouteille; non, je veux dire des carrosses... Allons, c'est convenu... Rien ne sera trop rare;

rien ne sera trop brillant, rien ne sera trop beau, rien ne sera trop à la mode, rien ne sera trop cher! (A part.) Et payera... ma foi, qui pourra!...

(Il sort, suivi des Fournisseurs.)

ACTE DEUXIÈME

L'auberge du *Chardon d'Écosse*. Porte au fond, portes latérales.

SCÈNE PREMIÈRE

TOM GIN, JERNINGHAM, en matelot.

TOM GIN, entrant, suivi de Jerningham.
Mais je vous dis que je l'ai parfaitement reconnu.
JERNINGHAM.
Tant pis pour vous, car il y va de votre tête si un autre que vous sait ce déguisement.
TOM GIN.
Mais si je garde le silence?
JERNINGHAM,
Alors, c'est autre chose. Il y aura, dans ce cas, pour maître Tom Gin, le tavernier du *Chardon d'Écosse*, une bourse pareille à celle-ci.

(Il lui donne une bourse.)

TOM GIN.
Vous pouvez être parfaitement tranquille; à partir de ce moment, j'ai la bouche cousue.
JERNINGHAM.
Pas tout à fait cependant; car il vous reste à me dire dans quelle partie de la maison habite la jeune fille que mon camarade est allé conduire de l'autre côté de la rivière.
TOM GIN.
Elle habite un pavillon dans le jardin.
JERNINGHAM.
Isolé?

TOM GIN.

Une île.

JERNINGHAM.

Et elle l'habite seule?

TOM GIN.

Avec sa tante.

JERNINGHAM.

Ces dames reçoivent-elles quelqu'un?

TOM GIN.

Ame qui vive!

JERNINGHAM.

Personne ne s'occupe d'elles? Quand je dis-d'elles... c'est de la jeune fille que je parle, bien entendu.

TOM GIN.

Personne.

JERNINGHAM.

Vous n'avez vu rôder aucun muguet autour de votre taverne?

TOM GIN.

Hier et avant hier seulement, un homme enveloppé d'un grand manteau brun...

JERNINGHAM.

Jeune ou vieux?

TOM GIN.

Entre deux âges, quarante à quarante-cinq ans.

JERNINGHAM.

Le connaissez-vous?

TOM GIN.

Non.

JERNINGHAM.

Mais comment se fait-il, si ces dames sont aussi pauvres que vous le dites, qu'elles habitent un pavillon à elles seules?

TOM GIN.

Parce que je suis obligé de donner les logements pour rien, à cause de ce maudit bâtiment pestiféré qui dépeuple tous les environs de la Tamise. Je n'ai conservé chez moi que ceux qui ne pouvaient faire autrement que d'y rester.

JERNINGHAM.

C'est juste. (Se retournant.) Mais attendez donc...

TOM GIN.

Ce sont ces dames qui rentrent.

JERNINGHAM.

Et le duc qui les suit.

TOM GIN.

Qui croirait qu'un si grand seigneur...?

JERNINGHAM.

Silence!...

SCÈNE II

Les Mêmes, SARAH, une Vieille Dame, LE DUC, en matelot.

SARAH, au Duc.

Tenez, mon ami, voilà un schelling pour votre peine.

LE DUC.

Merci, mon étoile polaire! et, si vous avez besoin de moi à l'avenir, faites demander le bateau *le Saint-Georges*, et le batelier Thompson; batelier et bateau seront à leur poste.

SARAH.

Très-bien.

(Les deux Femmes sortent par la porte à gauche du spectateur.)

SCÈNE III

LE DUC, TOM GIN, JERNINGHAM.

LE DUC, frappant sur l'épaule de Tom.

Mon ami, faites-moi le plaisir de monter un pot de bière et deux verres.

TOM GIN.

Ici, monseigneur?

LE DUC.

Qu'est-ce que cela, monseigneur?... Et à qui parlez-vous, je vous prie?

TOM GIN.

Pardon, mais c'est que le respect...

LE DUC.

Je suis le matelot Thompson... et vous, vous êtes un sot... Allez.

(Tom Gin sort.)

SCÈNE IV

JERNINGHAM, LE DUC.

JERNINGHAM.
Eh bien, monseigneur, qu'en dites-vous?
LE DUC.
Je dis que vous êtes un homme de goût, monsieur Jerningham.
JERNINGHAM.
Sa Grâce trouve donc cette jeune fille...?
LE DUC.
Charmante!
JERNINGHAM.
Et monseigneur a appris ce qu'il désirait savoir?
LE DUC.
Depuis A jusqu'à Z. La vieille tante est bavarde comme une corneille... et, attendu qu'on ne se défiait aucunement du matelot Thompson...
JERNINGHAM.
Ainsi l'on n'a point soupçonné qu'un grand seigneur fût caché sous ces humbles habits?
LE DUC.
Et comment vouliez-vous qu'on le soupçonnât?
JERNINGHAM.
Je tremblais que monseigneur ne se trahît par l'élégance de ses manières.
LE DUC.
Vous êtes un abominable flatteur, monsieur Jerningham.
JERNINGHAM.
Ainsi donc, comme je l'avais dit à milord, elles sont à Londres?...
LE DUC.
Pour un procès qui compromet leur petite fortune... Elles traversent presque tous les jours la Tamise pour aller faire visite à un vieux procureur qui demeure derrière l'archevêché, et qui suit leur affaire.
JERNINGHAM.
A quelle classe de la société appartiennent-elles?
LE DUC.
Vous demandez à quelle classe de la société appartiennent

des gens qui viennent de l'autre côté de la Tweed?... Et où diable avez-vous vu un Écossais qui ne descendît pas du roi Robert Bruce?... et une Écossaise qui ne fût pas parente, au vingt-cinquième ou trentième degré, de la reine Marie?... Nobles!... monsieur Jerningham, archinobles!

JERNINGHAM.

Ainsi, monseigneur en est amoureux?

LE DUC.

Moi?

JERNINGHAM.

Oui.

LE DUC.

Le diable m'emporte si j'en sais rien encore.

JERNINGHAM.

Mais milord a, tout au moins, une fantaisie pour elle?

LE DUC.

Je le crois.

JERNINGHAM.

Et, sans être trop indiscret, peut-on savoir quel est le plan de Sa Grâce?

LE DUC.

Si cette fantaisie passe à l'état de désir, ce qui doit nécessairement arriver pour peu que je rencontre quelque obstacle, je prends le titre de votre neveu; je viens m'établir ici... Par votre protection toute-puissante, je fais gagner sa cause à la tante, et la nièce paye les frais de la procédure... voilà tout.

SCÈNE V

Les Mêmes, TOM GIN.

TOM GIN, après avoir posé sur la table le pot de bière et les deux verres.
Ces messieurs sont servis.

LE DUC.

C'est bien... Allez; si l'on a besoin de vous, on vous appellera.

(Tom Gin sort.)

SCÈNE VI

LE DUC, JERNINGHAM.

LE DUC.

Asseyez-vous là, monsieur Jerningham.

JERNINGHAM.

A la même table que monseigneur?

LE DUC.

Allons donc, pas de façons... A votre santé, maître Richard.

JERNINGHAM.

A votre santé, monsieur Thompson.

LE DUC, goûtant la bière.

L'affreux breuvage!... et quand on pense qu'il y a des gens qui avalent cela!

JERNINGHAM.

Pardon, monseigneur; mais, maintenant, qu'attend donc Votre Grâce?

LE DUC.

Je vais vous le dire, maître curieux.

JERNINGHAM.

J'écoute, monseigneur.

LE DUC.

Savez-vous qui je crois avoir vu rôder autour de cette auberge?

JERNINGHAM.

Non.

LE DUC.

Eh bien, je me trompe fort, ou c'est l'honnête Chiffinch.

JERNINGHAM.

Le valet de chambre de Sa Majesté?

LE DUC.

En personne.

JERNINGHAM.

Ah! c'est sans doute l'homme au manteau brun que Tom Gin avait remarqué depuis deux jours.

LE DUC.

En manteau brun? C'est justement cela.

JERNINGHAM.

Chasserait-il le même gibier que nous?

LE DUC.
Ce serait fort possible, le limier a le nez fin.
JERNINGHAM.
Alors, monseigneur, il faudrait céder la place.
LE DUC.
Allons donc, monsieur Jerningham, quelle sottise me dites-vous donc là?
JERNINGHAM.
Monseigneur oserait faire concurrence à Sa Majesté?
LE DUC.
J'oserais, pardieu! bien autre chose.
JERNINGHAM.
Jusqu'à présent, du moins, monseigneur se contentait de venir à la suite du roi Charles II.
LE DUC.
Eh bien, c'est justement cela... Je me lasse à la fin d'être Charles III, et je veux être Charles Ier.
JERNINGHAM.
Oh! monseigneur! monseigneur!...

(On voit Mac Allan qui paraît au fond, suivi de Tom Gin.)

LE DUC, bas.
Silence! Ce jeune Écossais... s'il nous voit tous les deux, il nous reconnaîtra. Baissez la tête, maître Richard, et faites semblant de dormir... Vous êtes ivre.

(Il a baissé la tête de Jerningham.)

SCÈNE VII

LE DUC, faisant semblant de boire; JERNINGHAM, faisant semblant de dormir; MAC ALLAN et TOM GIN, entrant par le fond.

TOM GIN.
Comment! c'est vous, mon cher compatriote?
MAC ALLAN.
Oh! mon Dieu, oui, c'est moi.
TOM GIN.
Peste! dans quel équipage je vous retrouve! vous avez donc fait fortune?
MAC ALLAN.
Au contraire.

TOM GIN.

En effet, je vous trouve tout changé... Auriez-vous des chagrins de cœur?

MAC ALLAN.

Oui, mêlés d'argent.

TOM GIN.

Allons donc, vous êtes doré sur toutes les coutures!

MAC ALLAN.

Au dehors. (Retournant ses poches.) Mais voyez au dedans...

TOM GIN.

Que vous est-il donc arrivé?

MAC ALLAN.

Il m'est arrivé que j'ai servi de jouet à un grand seigneur.

TOM GIN.

Et à qui donc?

MAC ALLAN.

A ce damné Buckingham.

TOM GIN.

Chut! silence, donc!...

MAC ALLAN.

Et pourquoi cela, s'il vous plaît?

TOM GIN.

Comment osez-vous parler ainsi de Sa Grâce?

MAC ALLAN.

Ah! ça m'est, pardieu! bien égal. Sa Grâce!... Sa Grâce, tant qu'il vous plaira.

TOM GIN.

Mais que vous a-t-il donc fait, enfin?

MAC ALLAN.

Il a fait qu'il a lâché sur moi ses fournisseurs.

TOM GIN.

Mais dans quel but?

MAC ALLAN.

Dans celui de leur faire perdre sa piste, probablement... Quelle meute!

TOM GIN, bas.

Et vous avez contribué à tromper de braves marchands! vous, un Écossais?... Fi donc!

MAC ALLAN.

Mais j'ai eu beau leur dire que je n'étais pas ce qu'ils croyaient... qu'on ne m'appelait pas Sa Grâce; que je ne répondais pas au titre de monseigneur; j'ai eu beau leur protester que je ne possédais pas un penny... ils n'ont pas voulu me croire... ils m'ont voituré, ils m'ont habillé, ils m'ont meublé... tout cela malgré moi... Un hôtel magnifique, des carrosses, que le roi n'en avait pas de plus beaux... et des habits... Tenez, en voilà un échantillon !... j'en avais six pareils.

TOM GIN.

Comment! de la même couleur?

MAC ALLAN.

Non... ils avaient varié les nuances.

TOM GIN.

Mais sous quel prétexte, tout cela?

MAC ALLAN.

Pardieu! sous prétexte que, pour faire fortune, il faut avoir l'air d'être riche; et, en effet, quand on m'a vu des chevaux, un hôtel, des voitures, c'était à qui m'offrirait ses services, excepté ce démon de Buckingham, qui devait me présenter au roi, disait-il, et sur lequel je n'ai jamais pu remettre la main, quoique je me sois présenté plus de vingt fois à son hôtel.

TOM GIN.

Et comment tout cela a-t-il fini?

MAC ALLAN.

Ce n'est pas difficile à deviner. Un beau matin, les fournisseurs sont venus demander l'argent de leur fourniture; je leur ai dit que je n'en avais pas, et je les ai renvoyés au duc de Buckingham. Ils se sont fâchés; je me suis fâché aussi... Ils ont crié, j'ai crié plus fort qu'eux; il y en a un qui a fait un geste qui m'a déplu : je l'ai jeté du haut en bas des escaliers... Quand les autres l'ont vu dégringoler les marches quatre à quatre, ils se sont sauvés en criant qu'ils allaient chercher le constable. Alors, j'ai profité de leur fuite pour battre en retraite de mon côté; de sorte qu'à cette heure ils doivent être maîtres du champ de bataille. Quant à moi, mon cher, me voilà comme Bias, je porte tout avec moi... et je vous réponds que mon tout, ce n'est pas grand'chose..

TOM GIN.

Pauvre garçon! un pot de bière, voyons, pour vous remettre.

MAC ALLAN.

Je ne demande pas mieux, mais je vous préviens que je ne possède pas un penny.

TOM GIN.

N'importe, on n'est pas un Turc, que diable! et il ne sera pas dit qu'au *Chardon d'Écosse*, on aura laissé mourir de soif un compatriote.

MAC ALLAN.

Merci. Eh bien, tenez, vous valez mieux dans votre petit doigt que le Buckingham dans toute sa personne.

TOM GIN, sortant.

Mais taisez-vous donc!

MAC ALLAN.

Que je me taise? Jamais. Eh bien, c'est charmant!... j'aurai été joué, bafoué, pillé... je serai retourné vingt fois à son hôtel sans pouvoir le rencontrer une seule, et je ne pourrai pas dire que c'est un coquin, un brigand, un scélérat à pendre? Mais, au contraire, je le dirai à tout le monde, je le dirai...

(Il s'arrête court en apercevant le Duc.)

LE DUC.

Eh bien, mon jeune maître, qu'avez-vous donc à me regarder ainsi?

MAC ALLAN, à part.

Oh! mais c'est que c'est extraordinaire, c'est sa figure, c'est sa voix!

LE DUC.

Je ne me savais pas si curieux à voir... Payez quelque chose, au moins, pour me regarder... Vous savez que c'est l'habitude.

MAC ALLAN.

Il n'y a pas de doute... je ne me trompe pas... c'est vous!

LE DUC.

Eh bien, sans doute, c'est moi.

MAC ALLAN.

Ah! oui, mais je m'entends... vous, vous, vous, milord...

LE DUC.

Ah! bon! milord! c'est moi que vous appelez milord?

MAC ALLAN.

Sans doute, c'est vous que... et vous ne me ferez pas prendre le change.

TOM GIN, revenant.

Bien, voilà ce que je craignais.

MAC ALLAN.

Et vous me rendrez raison... et nous irons faire un tour, si vous le voulez bien, à Darn-Elms ou à Montagu.

LE DUC.

Dis donc, Tom Gin, il m'appelle milord, et il me propose d'aller faire un tour à Darn-Elms ou à Montagu; que dis-tu de cela?

(Il rit.)

TOM GIN, montrant Buckingham.

Lui, milord?

MAC ALLAN.

Ah çà! est-ce que ce n'est véritablement pas au duc de Buckingham que j'ai affaire?

TOM GIN.

Le duc de Buckingham, lui? Vous êtes fou, mon cher ami; il s'appelle Thompson, il est matelot du bateau *le Saint-Georges*.

MAC ALLAN.

Vous en êtes sûr?

TOM GIN.

Pardieu! il y a dix ans que je le connais.

MAC ALLAN.

C'est étonnant... je n'en reviens pas... C'est qu'il ressemble à milord...

LE DUC.

Oh! vous n'êtes pas le premier qui ait été pris à cette ressemblance, allez... Après cela, mon père était beau garçon, batelier comme moi sur la Tamise, et il a conduit dans sa vie plus d'une jolie dame... je ne serais donc pas étonné quand il y aurait de par le monde quelque grand seigneur qui me ressemblât. (Se rasseyant.) A votre santé, mon gentilhomme!

MAC ALLAN, s'asseyant à une table placée de l'autre côté de la scène.

A votre santé, mon ami. C'est que tout y est, la ressemblance est frappante... c'est miraculeux!

(Chiffinch paraît au fond, enveloppé dans un manteau.)

JERNINGHAM, bas.

Maintenant, monseigneur, puis-je m'éveiller?

LE DUC, apercevant Chiffinch, vivement.

Moins que jamais!

JERNINGHAM.

Pourquoi cela?

LE DUC.

Chiffinch! malheureux!... Chiffinch en personne!

JERNINGHAM, rebaissant la tête.

Ah! mon Dieu!

LE DUC.

Silence!

SCÈNE VIII

Les Mêmes, CHIFFINCH.

CHIFFINCH, à Tom Gin.

Vous êtes le maître de cette taverne?

TOM GIN.

Oui, monsieur; que faut-il vous servir?

CHIFFINCH.

Rien.

TOM GIN.

Comment, rien?

CHIFFINCH.

Je ne viens pas pour boire.

TOM GIN.

Que venez-vous faire, alors?

CHIFFINCH.

Je viens causer.

TOM GIN.

Avec qui?

CHIFFINCH.

Avec toi.

TOM GIN, brusquement.

C'est que, voyez-vous, je n'ai guère le temps de vous écouter.

CHIFFINCH, lui donnant une pièce d'or.

Tu le prendras.

TOM GIN, très-humblement.

Je le prendrai.

CHIFFINCH.

Tu as le temps de m'écouter maintenant?

TOM GIN.

Oui.

CHIFFINCH.

Et de me répondre?

TOM GIN.

A vos ordres.

CHIFFINCH.

C'est bien. Quels sont les voyageurs qui demeurent dans ton auberge ?

TOM GIN.

Hommes ou femmes ?

CHIFFINCH.

Hommes.

TOM GIN.

Nous avons d'abord un Irlandais.

CHIFFINCH.

Jeune ?

TOM GIN.

Jeune.

CHIFFINCH.

Beau garçon ?

TOM GIN.

Beau garçon.

CHIFFINCH.

Riche ?

TOM GIN.

Pauvre.

CHIFFINCH.

Cela me va. A propos, est-il noble ?

TOM GIN.

C'est un marchand de bestiaux de Limerick.

CHIFFINCH.

Voilà qui dérange tout... Inutile d'aller plus loin. Passons à un autre. Qui avez-vous encore ?

TOM GIN.

Un Espagnol.

CHIFFINCH.

Jeune ?

TOM GIN.

Trente à trente-cinq ans.

CHIFFINCH.

Beau cavalier ?

TOM GIN.

L'air noble.

CHIFFINCH.

Riche?

TOM GIN.

Une mine d'or.

CHIFFINCH.

Ce n'est pas mon affaire. A un autre.

TOM GIN.

Nous avons un baronnet du comté de Lancastre.

CHIFFINCH.

Jeune?

TOM GIN.

Oui.

CHIFFINCH.

L'air gentilhomme?

TOM GIN.

Oui.

CHIFFINCH.

Riche?

TOM GIN.

Non.

CHIFFINCH.

A merveille.

TOM GIN.

Seulement, si vous avez affaire à lui, il faudra vous presser.

CHIFFINCH.

Pourquoi cela?

TOM GIN.

Parce qu'il part demain avec sa femme.

CHIFFINCH.

Il est marié?

TOM GIN.

Depuis un mois.

CHIFFINCH.

Il fallait donc dire cela tout de suite, imbécile!... Ton baronnet ne m'est bon à rien.

TOM GIN.

Ah çà! mais que cherchez-vous donc?

CHIFFINCH.

Je cherche un jeune homme noble, pauvre et célibataire.

TOM GIN, montrant Mac Allan.

Eh bien, tenez, voici, là, à ma gauche, un Écossais qui est

très-noble, très-pauvre et très garçon; je vous réponds de celui-là.
CHIFFINCH.
Il aurait des dettes même que cela n'en vaudrait que mieux.
TOM GIN.
C'est une providence! celui-là doit cinq mille livres sterling.
CHIFFINCH.
Il se nomme?
TOM GIN.
Mac Allan, laird de Dumbiky.

(Cette conversation entre Chiffinch et Tom Gin a lieu sur le devant du théâtre et à voix basse.)

LE DUC, à Jerningham.
Sortez sans être vu, et revenez dans vingt minutes avec deux de mes gladiateurs. Il faut que, ce soir, Sarah soit dans ma petite maison de Clarence-Market.
JERNINGHAM.
Mais, monseigneur...
LE DUC.
Faites ce que je vous dis.

(Jerningham sort. Pendant que le Duc a parlé à Jerningham, Chiffinch a tourné autour de Mac Allan en l'examinant des pieds à la tête.)

SCÈNE IX

LES MÊMES, hors JERNINGHAM.

TOM GIN, continuant sa conversation avec Chiffinch.
Eh bien, celui-là vous convient-il?
CHIFFINCH.
Sous tous les rapports, et ce que vous venez de me dire me décide tout à fait; je ferais le tour du monde, que je ne trouverais pas mieux.
TOM GIN.
Voulez-vous que je vous présente à lui?
CHIFFINCH.
Ce n'est pas la peine; j'entamerai bien la conversation sans toi, sois tranquille.

(Il va à Mac Allan, qui le regarde venir, puis il prend le pot de bière qu'on vient de servir à celui-ci, et le jette par la fenêtre avec ce qu'il contient.)

MAC ALLAN, se levant furieux.

Monsieur, que veut dire cela, s'il vous plaît?

CHIFFINCH.

Cela veut dire qu'un gentilhomme comme le laird de Dumbiky n'est pas fait pour boire de la mauvaise bière de matelot. Tom Gin, une bouteille de vin d'Espagne, et du meilleur.

TOM GIN.

A l'instant, Votre Seigneurie.

(Il sort. Chiffinch va s'asseoir en face de Mac Allan.)

MAC ALLAN.

Mais je ne vous connais pas, dites donc, moi, pour boire avec vous.

CHIFFINCH.

Eh bien, nous ferons connaissance... D'ailleurs, je suis un ancien ami de votre famille : j'ai servi avec votre oncle David Mac Mahon de Susquebaugh, dans les dragons du major Landfort.

MAC ALLAN, se rasseyant.

Ah! vous avez connu mon oncle?... C'est autre chose alors.

CHIFFINCH.

Oui, jeune homme, et c'est un gaillard qui a rendu autrefois de grands services à la cause royale.

MAC ALLAN.

Ah! eh bien, à la bonne heure, en voilà un, au moins, qui lui rend justice, à l'oncle Mac Mahon.

CHIFFINCH.

Aussi, quand j'ai su que vous étiez à Londres, je vous ai cherché partout.

MAC ALLAN.

Vous m'avez cherché... vraiment?

CHIFFINCH.

Je n'ai fait que cela depuis huit jours.

MAC ALLAN.

Eh bien, me voilà, monsieur, et tout à votre service.

(Ils se saluent.)

CHIFFINCH, le regardant en souriant.

Eh bien, nous avons donc fait des nôtres à Londres, mon gentilhomme?

MAC ALLAN.

Moi, j'ai fait des miennes?

CHIFFINCH.

Ah! ne cherchez pas à nous en faire accroire. Nous avons entendu parler de vous... Peste! vous meniez un train de prince. Il nous a donc laissé de la fortune, notre oncle David Mac Mahon de Susquebaugh?

MAC ALLAN.

Pas un penny. Je suis arrivé à Londres avec quinze livres sterling.

CHIFFINCH.

Et, avec quinze livres sterling, vous avez un hôtel magnifique, des carrosses splendides, des chevaux comme ceux d'Achille... Ce n'est pas maladroit, jeune homme, pour un début.

MAC ALLAN.

Mais attendez donc, vous ne savez pas...

CHIFFINCH.

Eh! mon Dieu, si, je sais... Vous avez fait des dettes, quoi!

MAC ALLAN.

Certainement. Seulement, moi, c'est sans le vouloir.

CHIFFINCH.

On ne veut jamais!... on se laisse entraîner... et puis, un beau matin, on se trouve, comme cela, avoir cinq ou six mille livres sterling de dettes.

MAC ALLAN.

Eh bien, c'est juste mon chiffre. Que dites-vous de la somme?

CHIFFINCH.

Je dis que c'est une misère.

MAC ALLAN.

Une misère! ah! vous appelez cela une misère?

CHIFFINCH.

Sans doute. A votre âge, César devait cent vingt millions de sesterces. Cinq mille livres sterling, qu'est-ce que cela, je vous le demande, pour un homme comme vous?

MAC ALLAN.

Il me semble que c'est justement pour un homme comme moi que c'est beaucoup.

CHIFFINCH.

Cela vous tourmente?

MAC ALLAN.

Je vous avoue qu'il y a des moments...

CHIFFINCH.

Bah! un beau mariage payera tout cela.

MAC ALLAN.

Un beau mariage?

CHIFFINCH.

Oui.

MAC ALLAN.

Sans doute, un beau mariage payerait tout cela, je le sais bien; mais il faut le faire, ce beau mariage.

CHIFFINCH.

Avec votre nom...

MAC ALLAN.

Le fait est qu'il en vaut bien un autre. Vous savez ou vous ne savez pas qu'il y a une tradition écossaise qui dit que les Dumbiky sont parents au cinquante-cinquième degré du roi Robert Bruce.

CHIFFINCH.

Avec votre figure...

MAC ALLAN.

Vous trouvez qu'avec ma figure...? C'est drôle, je n'avais jamais compté dessus.

CHIFFINCH.

Vous êtes trop modeste... Et à tout cela joignez la protection qui vous est due à cause des services de votre oncle.

MAC ALLAN.

Je vous dirai que, jusqu'à présent, ces services n'ont pas été très-bien appréciés.

CHIFFINCH.

Parce que vous ne vous êtes point adressé à ceux qui pouvaient les faire valoir... Mais, moi, je vous réponds, si toutefois vous n'avez pas de répugnance pour le mariage...

MAC ALLAN.

De la répugnance pour le mariage, moi? Je n'en ai aucune, et, pourvu que ma femme soit jeune, sage, jolie, noble et riche, je me déciderai facilement.

CHIFFINCH.

Si vous n'exigez que cela, jeune homme, j'ai votre affaire sous la main.

LE DUC, qui n'a pas cessé de prêter l'oreille, à part.

C'est cela même. Buckingham, mon ami, vous avez tout deviné; décidément, vous êtes un homme de génie.

MAC ALLAN.

Voyons, voyons un peu!... comment dites-vous cela?

CHIFFINCH.

Vingt-cinq mille livres sterling de dot et une place à la cour. La fortune et le pouvoir en même temps. Cela vous va-t-il ?

MAC ALLAN.

Certainement ; mais il faudrait au moins que je connusse la personne...

CHIFFINCH.

Inutile.

MAC ALLAN.

Vous pouvez au moins me dire son nom ?

CHIFFINCH.

Que vous importe ?

MAC ALLAN.

Où demeure-t-elle seulement ?

CRIFFINCH.

Qu'avez-vous besoin de savoir cela ?

MAC ALLAN.

Comment, qu'ai-je besoin de savoir cela ? Il me semble que je suis assez intéressé à tous ces détails pour que je me permette de faire quelques questions.

CHIFFINCH.

Et si la chose, au contraire, ne peut s'arranger qu'à la condition que vous n'en ferez pas ?...

MAC ALLAN, se levant.

Alors, vous comprenez, mon cher ami...

CHIFFINCH, se levant aussi.

Ne précipitons rien, mon gentilhomme. D'ailleurs, je ne veux pas surprendre votre bonne foi. Écoutez : une certaine visite à faire m'oblige à vous quitter pour une demi-heure ; vous, pendant ce temps, réfléchissez... La splendeur ou la misère... Eh ! cela vaut la peine d'y songer... Dans une demi-heure, je serai de retour, et quelque chose me dit... oui, oh ! j'en suis convaincu, quelque chose me dit que je vous trouverai plus raisonnable. A bientôt, et rappelez-vous qu'un bonheur pareil à celui que je vous propose ne se représente jamais deux fois... Pesez bien ces paroles, et attendez-moi... A bientôt.

MAC ALLAN.

Permettez...

CHIFFINCH.

Dans une heure, je reviens.

(Il sort.)

SCÈNE X

MAC ALLAN, LE DUC.

Tous deux regardent Chiffinch qui s'éloigne; puis le Duc se retourne sur sa chaise et interpelle Mac Allan, qui s'est assis sur le tabouret de Chiffinch.

LE DUC.

Eh bien, que dites-vous de la chose?

MAC ALLAN.

Et vous ?

LE DUC.

Je dis que je n'ai jamais entendu faire pareille proposition à un gentilhomme.

MAC ALLAN.

Ainsi, à ma place, vous refuseriez?

LE DUC.

Comment, si je refuserais? C'est-à-dire que, si, à moi, simple matelot, on venait faire une proposition pareille... je jetterais par la fenêtre l'homme qui me la ferait.

MAC ALLAN.

Cependant l'intention peut être bonne.

LE DUC.

Bah! quelque intrigant qui cherche une dupe.

MAC ALLAN.

Quel intérêt aurait-il?

LE DUC.

Dame, on a quelquefois des raisons urgentes de se défaire promptement d'une fille, d'une sœur ou d'une nièce.

MAC ALLAN.

Au fait...

LE DUC.

Ah çà ! avez-vous cru, franchement, que c'était pour vos beaux yeux seulement qu'on venait vous offrir une dot de vingt-cinq mille livres sterling et une charge à la cour?

MAC ALLAN.

Le fait est que c'est fort louche.

LE DUC.
Sans vouloir vous dire le nom, la demeure, la famille de votre future ?

MAC ALLAN.
C'est vrai, il a refusé de me dire tout cela.

LE DUC.
Que diable ! on ne se marie pas ainsi la tête dans un sac.

MAC ALLAN.
Aussi, vous avez entendu, j'ai refusé.

LE DUC.
Et vous avez bien fait, morbleu ! Mais il va revenir.

MAC ALLAN.
Je refuserai encore.

LE DUC.
Vous le dites.

MAC ALLAN.
Je le ferai.

LE DUC.
En vérité, si je n'étais pas forcé de m'en aller, je resterais pour vous prêter main-forte.

MAC ALLAN.
Restez.

LE DUC.
Impossible !... j'ai donné rendez-vous... Mais, quand il reviendra...

MAC ALLAN.
Soyez tranquille.

LE DUC.
Traitez-le comme il le mérite.

MAC ALLAN.
Il aura ce qui lui revient.

LE DUC.
A votre place, et si j'avais comme vous une épée au côté, je lui en donnerais du plat sur les épaules, jusqu'à ce qu'il me demandât pardon à genoux.

TOM GIN, entrant, et bas au Duc.
Votre valet de chambre est en bas, il vous attend.

LE DUC.
Bien.

TOM GIN, allant à Mac Allan.

Une femme dont le visage est couvert d'un loup est là... Elle vous demande.

MAC ALLAN.

Faites entrer.

(Tom Gin sort.)

LE DUC.

Ainsi, je vous laisse bien décidé, n'est-ce pas?

MAC ALLAN.

Résolution inébranlable.

LE DUC.

Au revoir, mon gentilhomme, et tâchez de vous maintenir dans ces bonnes dispositions.

(Il sort.)

SCÈNE XI

MAC ALLAN, TOM GIN, puis NELLY.

MAC ALLAN.

Une femme dont le visage est caché sous un masque me demande. Ah çà! mais est-ce que ce serait déjà ma future? Elle n'aurait pas perdu de temps.

TOM GIN, de la porte.

Voici le gentilhomme que vous demandez, madame.

NELLY, à Tom Gin.

C'est bien, laissez-nous.

SCÈNE XII

MAC ALLAN, NELLY.

MAC ALLAN.

Madame, puis-je savoir...?

NELLY, ôtant son masque.

Enfin, je vous retrouve!

MAC ALLAN.

Vous Nelly? Ah! c'est le ciel qui vous envoie à mon secours.

NELLY.

Ce n'est pas ma faute si je ne vous ai pas retrouvé plus

tôt. Vous m'aviez donné cette adresse, et je suis venue pour vous y chercher.

MAC ALLAN.

Hélas ! il m'est arrivé tant de choses depuis que je ne vous ai vue... Imaginez-vous...

NELLY.

Je sais tout.

MAC ALLAN.

Ah ! vous savez que votre misérable Buckingham... ?

NELLY.

Vous a livré à ses créanciers pour se débarrasser d'eux.

MAC ALLAN.

Aussi, si je le rattrape jamais, ainsi qu'un certain railleur qui vient de me faire la proposition la plus étrange...

NELLY.

Laquelle ?

MAC ALLAN.

Celle de me marier.

NELLY.

Avec qui ?

MAC ALLAN.

Avec une femme dont on ne veut pas me dire le nom.

NELLY.

Jeune ?

MAC ALLAN.

Je n'en sais rien.

NELLY.

Belle ?

MAC ALLAN.

Je n'en sais rien.

NELLY.

Noble ?

MAC ALLAN.

Je n'en sais rien.

NELLY.

Riche ?

MAC ALLAN.

Vingt-cinq mille livres sterling de dot.

NELLY.

Qu'avez-vous répondu ?

MAC ALLAN.

J'ai refusé.

NELLY.

Vous avez bien fait.

MAC ALLAN.

N'est-ce pas?

NELLY.

C'est quelque piége.

MAC ALLAN.

Mais comment faire, ma chère Nelly? Comprenez-vous? cinq mille livres sterling de dettes!

NELLY.

Oh! ceci n'est rien.

MAC ALLAN.

Comment, ce n'est rien?

NELLY.

Oui, on les payera.

MAC ALLAN.

Qui?

NELLY.

Le roi.

MAC ALLAN.

Le roi payera mes dettes?

NELLY.

Sans doute; il vous doit bien cela.

MAC ALLAN.

Mais qui lui parlera?

NELLY.

Moi.

MAC ALLAN.

Vous connaissez le roi?

NELLY.

Beaucoup. Seulement, une chose m'inquiète.

MAC ALLAN.

Laquelle?

NELLY.

Depuis deux ou trois jours, Sa Majesté...

MAC ALLAN.

Est malade, peut-être?

NELLY.

Non, ce n'est pas cela.

MAC ALLAN.

Tant mieux! Dieu conserve la santé de Sa Majesté jusqu'à ce qu'elle ait payé mes dettes.

NELLY.

Il faut qu'il se brasse quelque intrigue que j'ignore.

MAC ALLAN.

Vous croyez?

NELLY.

Mais cela ne vous regarde pas. Soyez tranquille.

MAC ALLAN.

Ah! dans ce cas...

NELLY.

Cependant, cela peut influer sur vous.

MAC ALLAN.

Diable!

NELLY.

Tout mon crédit dépend d'un caprice. Écoutez.

MAC ALLAN.

Pardieu! j'écoute.

NELLY.

Avez-vous confiance en moi?

MAC ALLAN.

Si j'ai confiance en vous?

NELLY.

Oui.

MAC ALLAN.

Confiance entière!

NELLY.

Êtes-vous disposé à vous laisser conduire par mes avis?

MAC ALLAN.

Aveuglément.

NELLY.

Vous engagez-vous d'avance à faire tout ce que je vous dirai?

MAC ALLAN.

Tout.

NELLY.

Sans hésitation?

MAC ALLAN.

A l'instant même. N'êtes-vous pas ma seule amie dans cette Babylone où je suis perdu?

NELLY.

D'abord, pas de mariage.

MAC ALLAN.

Je crois bien !

NELLY.

Quand cet homme reviendra...

MAC ALLAN.

Je l'enverrai... très-loin.

NELLY.

Vous restez ici?

MAC ALLAN.

Je n'en bouge pas.

NELLY.

Vous m'attendrez?

MAC ALLAN.

De pied ferme.

NELLY.

Le temps d'aller à Whitehall et de revenir.

MAC ALLAN.

Si je vous accompagnais?

NELLY.

Il faut que j'y aille seule. (Remettant son masque.) Surtout, pas de mariage.

MAC ALLAN.

J'aimerais mieux me jeter dans la Tamise.

NELLY.

C'est bien... Adieu.

MAC ALLAN.

C'est-à-dire au revoir.

NELLY.

Oui. (Elle fait quelques pas vers la porte, et rencontre Chiffinch. A part.) Chiffinch! Chiffinch ici!... Oh! ce n'est plus le moment de m'éloigner.

(Elle se jette vivement dans un cabinet à droite.)

SCÈNE XIII

CHIFFINCH, MAC ALLAN.

CHIFFINCH.

Eh bien, mon gentilhomme, avez-vous réfléchi?

MAC ALLAN.

Oui.

CHIFFINCH.

Et vous êtes décidé?

MAC ALLAN.

Parfaitement.

CHIFFINCH.

A vous marier?

MAC ALLAN.

A rester garçon... Ah çà! mais pour qui m'avez-vous pris? Voyons un peu...

CHIFFINCH.

Mais pour un pauvre gentilhomme qui ne serait pas fâché de faire sa fortune.

MAC ALLAN.

Oui, monsieur, mais par d'autres moyens que ceux que vous me proposez, entendez-vous!

CHIFFINCH.

Les moyens de faire fortune sont rares, mon maître, et, lorsqu'on en rencontre un par hasard, il ne faut point le dédaigner, de peur qu'il ne s'en présente pas un second.

MAC ALLAN.

N'importe, je refuse.

CHIFFINCH.

Songez-y; vous êtes à Londres, sans connaissances, sans appui, sans secours. Votre refus, c'est la misère, la faim, sans compter que vous devez cinq mille livres sterling qu'il faudra bien payer, ou Newgate est là... Les lois anglaises ne plaisantent pas à l'endroit des débiteurs.

MAC ALLAN.

Je refuse!... je vous dis que je refuse.

CHIFFINCH.

Tandis qu'au contraire, si vous acceptez, vingt-cinq mille livres sterling, une place à la cour, des laquais, des chevaux, des carrosses, un hôtel! Vous avez goûté de tout cela pendant huit jours... Voyons, dites, est-ce que ce n'était pas fort agréable?

MAC ALLAN.

Retire-toi, tentateur!

CHIFFINCH.

Mais...

MAC ALLAN.

Retire-toi, te dis-je, ou bien...

CHIFFINCH, épouvanté et se sauvant au fond du théâtre.

Un instant! un instant!

MAC ALLAN, exaspéré et menaçant Chiffinch d'un tabouret qu'il tient à la main.

Je refuse! je refuse! je refuse!

NELLY, ouvrant à moitié la porte du cabinet de droite.

Acceptez.

MAC ALLAN.

Hein?

NELLY.

Acceptez.

MAC ALLAN.

Quoi?

NELLY.

Le mariage qu'on vous propose.

MAC ALLAN.

Mais tout à l'heure...

NELLY.

J'avais tort.

MAC ALLAN.

Vous m'assuriez que c'était un piége.

NELLY.

Je me trompais.

MAC ALLAN.

Mais je ne connais pas celle qu'on me propose.

NELLY.

Prenez-la de confiance.

MAC ALLAN.

Mais si elle est vieille?

NELLY.

Elle doit être jeune.

MAC ALLAN.

Mais si elle est laide?

NELLY.

Elle doit être jolie.

MAC ALLAN.

Mais si sa vertu est douteuse?

NELLY.

Ce doit être une Lucrèce.

MAC ALLAN.

Mais enfin...

NELLY.

Acceptez, vous dis-je, acceptez, ou vous êtes perdu!

(Elle referme la porte. Ce jeu de scène est exécuté très-rapidement et sans que Nelly ait été aperçue de Chiffinch. Mac Allan, pendant ce temps, a tenu machinalement son tabouret en l'air.)

MAC ALLAN, tombant sur son escabeau.

J'en deviendrai fou, ma parole d'honneur!

(Moment de silence.)

CHIFFINCH, de la porte.

Eh bien, jeune homme, notre accès est-il passé?

MAC ALLAN.

Oui.

CHIFFINCH.

Nous ne sommes plus enragé?

MAC ALLAN.

Non.

CHIFFINCH.

Et l'on peut se rapprocher de vous?

MAC ALLAN.

Oui.

CHIFFINCH.

Vous ne me prenez plus pour Satan?

MAC ALLAN.

Non.

CHIFFINCH.

Et vous ne voulez plus me fendre le crâne?

MAC ALLAN.

Soyez tranquille.

CHIFFINCH, revenant en scène.

C'est bien heureux!

MAC ALLAN.

A votre tour, m'en voulez-vous?

CHIFFINCH.

Je n'ai pas de rancune.

MAC ALLAN.

Est-il encore temps de dire oui?

CHIFFINCH.

Toujours.

MAC ALLAN.

Eh bien, j'accepte.

CHIFFINCH.

Pour tout de bon?

MAC ALLAN.

Pour tout de bon.

CHIFFINCH.

Vous engagez votre parole?

MAC ALLAN.

Foi de gentilhomme.

CHIFFINCH, s'éloignant.

Cela suffit.

MAC ALLAN.

Où allez-vous?

CHIFFINCH.

Chercher un carrosse.

MAC ALLAN.

Pour qui?

CHIFFINCH.

Pour Votre Seigneurie.

MAC ALLAN.

Nous quittons donc cette taverne?

CHIFFINCH.

Dans dix minutes, je vous emmène.

MAC ALLAN.

Où cela?

CHIFFINCH.

Vous le verrez.

(Il sort.)

SCÈNE XIV

MAC ALLAN, seul.

Ah! je ne suis pas fâché qu'il me laisse un instant... Au moins, Nelly m'expliquera les causes de son changement. (Ouvrant la porte.) Eh bien, Nelly, êtes-vous contente? vous ai-je obéi aveuglément?... Mais où est-elle donc? Personne!... disparue!... Tom Gin! Tom Gin!

SARAH, dans la coulisse.

A l'aide! au secours! au secours!

MAC ALLAN, s'arrêtant.

Qui appelle ?

SARAH, plus proche.

Au secours !

MAC ALLAN.

C'est la voix d'une femme.

SCÈNE XV

MAC ALLAN, SARAH.

SARAH, entrant par une porte latérale et dans le plus grand désordre.

Au secours ! au secours ! Oh ! si vous êtes gentilhomme, monsieur, défendez-moi, sauvez-moi.

MAC ALLAN.

Cet accent !... Une compatriote... Vous êtes Écossaise ?

SARAH.

Oui.

MAC ALLAN.

Que vous arrive-t-il ? Parlez.

SARAH.

Je n'en sais rien moi-même. Deux hommes ont profité de l'absence de ma tante, ils sont entrés dans le pavillon, ils ont voulu m'enlever. J'ai fui par un escalier dérobé, mais ils m'ont poursuivie... et tenez, les voilà... les voilà... Où me cacher ?

MAC ALLAN.

Entrez dans cette chambre, et, avant qu'ils arrivent jusqu'à vous, je vous le jure, il faudra qu'ils me passent sur le corps.

SARAH.

Oh ! monsieur, que de reconnaissance ! Votre nom, que je le garde dans mon cœur ?

MAC ALLAN.

Mac Allan, laird de Dumbiky... Et vous ?

SARAH.

Sarah Duncan.

MAC ALLAN.

Maintenant, ne craignez rien.

(Il referme la porte sur Sarah.)

4.

SCÈNE XVI

Les Mêmes, JERNINGHAM, deux Hommes armés.

JERNINGHAM, entrant le premier.

Par ici... par ici... Elle ne peut nous échapper... Elle doit être là... Arrière, mon gentilhomme!

MAC ALLAN.

Halte-là, mes maîtres, on ne passe pas.

JERNINGHAM.

Insolent! savez-vous à qui vous avez affaire?

MAC ALLAN.

Oh! oui, car je vous reconnais... Nous avons même un vieux compte à régler ensemble. Ah! tenez-vous bien, monsieur Jerningham.

JERNINGHAM, aux Hommes qui l'accompagnent.

Flamberge au vent, messieurs, et débarrassez-moi de ce drôle.

MAC ALLAN, tirant son épée.

Le premier qui fait un pas est mort.

SCÈNE XVII

Les Mêmes, CHIFFINCH.

CHIFFINCH, au fond.

Holà, messieurs! que veut dire cette violence? Trois contre un! Cela ressemble fort à un guet-apens, savez-vous bien?

JERNINGHAM, à part.

Chiffinch!

MAC ALLAN, à part.

Mon inconnu!

CHIFFINCH.

Allons, les épées au fourreau. (On obéit.) C'est bien... Ce gentilhomme appartient à la maison de notre gracieux souverain Charles II. Apprenez cela, et ne l'oubliez point, je vous prie.

MAC ALLAN, stupéfait.

J'appartiens à la maison du roi!

JERNINGHAM, à Mac Allan.

Mille pardons.

CHIFFINCH.

C'est bien, sortez. (Ils sortent par la porte de côté par laquelle ils sont entrés.) Maintenant, monseigneur, le carrosse est en bas, et si vous voulez venir...

MAC ALLAN.

Un mot... rien qu'un mot à une personne qui est là dans cette chambre. (Il fait quelques pas, puis s'arrête. A part.) Oh! non... si je la revoyais, je n'aurais peut-être plus le courage de tenir ma promesse. (A Chiffinch.) Me voilà, monsieur; conduisez-moi bien vite... mariez moi bien vite... Me voilà! je vous suis.

(Ils sortent tous deux par le fond.)

ACTE TROISIÈME

Un pavillon à Windsor, au fond du parc et entièrement séparé du château.

SCÈNE PREMIÈRE

Un Huissier, précédant LE DUC DE BUCKINGHAM.

L'HUISSIER.

Que milord veuille bien attendre quelques minutes, et je vais prévenir Sa Majesté que Sa Grâce est à ses ordres.

LE DUC.

Faites, monsieur. (L'Huissier sort.) Que diable peut me vouloir le roi?... Je croyais que la peur de la peste m'avait débarrassé de lui au moins pour quelque temps... Pas du tout!... juste au moment où ma présence est urgente à Londres, il m'envoie chercher... Jerningham a-t-il réussi à enlever Sarah?... Je disais bien que, si quelque obstacle voulait s'en mêler, je deviendrais amoureux de cette petite... Voilà le roi qui, de son côté, en a envie... et je sens que j'en suis tout affolé... Au reste, c'est peut-être pour me parler de cela que Sa Majesté m'envoie chercher... et il est possible que tout à l'heure je sache de sa propre bouche... Ah!...

(Une porte latérale s'ouvre à deux battants; un Huissier crie : « Le roi! » et traverse le théâtre, puis sort par la porte du fond.)

SCÈNE II

LE ROI, LE DUC.

LE ROI, *passant la tête par la porte, et tenant un mouchoir devant son nez.*
Vous êtes là, duc?

LE DUC, *faisant un pas vers le Roi.*
Oui, sire, je me rends aux ordres de Votre Majesté.

LE ROI.
Un instant, un instant; d'où venez-vous?

LE DUC.
De Londres, sire.

LE ROI.
Oui; mais de quel quartier de Londres?

LE DUC.
Sire, de Sommerstown.

LE ROI.
Vous n'avez pas approché de la rivière?

LE DUC.
Je m'en suis bien gardé!... Mais Sa Majesté craint donc réellement...?

LE ROI.
Ma foi, mon cher, je l'avoue, j'ai une peur terrible de cette horrible peste... Je ne me soucie pas le moins du monde de mourir comme saint Louis, dussé-je être canonisé.

LE DUC.
Sire, les plus grands hommes ont eu leurs faiblesses. Carracciolo tremblait devant un rat, et M. de Turenne, à ce qu'on assure, ne peut pas voir une araignée.

LE ROI.
Eh bien, voilà qui m'excuse... Je t'ai donc fait venir pour deux raisons, mon cher Georges : la première, c'est que je m'ennuyais horriblement à Windsor dans ce pays isolé; la seconde, c'est que j'ai à t'entretenir d'une affaire sérieuse.

LE DUC.
D'une affaire sérieuse!... Votre Majesté me fait frémir... Sire, on meurt d'ennui aussi bien que de la peste, faites-y attention... car, d'après ce que vous me dites, vous avez déjà des symptômes de maladie.

LE ROI.
Ah! c'est seulement un conseil que je veux te demander.
LE DUC.
Un conseil sur une affaire sérieuse, sire?... Je crois que vous auriez mieux fait de me laisser à Londres... Votre Majesté sait bien qu'aux yeux de son peuple bien-aimé, un de ses plus grands crimes est de suivre mes conseils.
LE ROI.
Que veux-tu, Georges! nous sommes deux grands coupables, et le ciel nous châtie l'un par l'autre. Je suis condamné à t'avoir pour favori, et tu es condamné à m'avoir pour roi... Tu me trompes une fois par heure, tu me trahis une fois par jour... tu conspires contre moi une fois par mois, et, une fois par an, je te pardonne pour te punir... Tiens, Georges, je ne sais pas comment cela se fait, mais la vérité est que je te déteste, et cependant je ne puis me passer de toi.
LE DUC.
Votre Majesté est véritablement trop bonne... Mais me permettra-t-elle de lui rappeler qu'elle m'a mandé pour affaires sérieuses?...
LE ROI.
Je vois que tu meurs d'envie de retourner à Londres... Alors, je te garde toute la journée pour te faire enrager... D'ailleurs, j'aurai peut-être besoin de toi pour une cérémonie.
LE DUC.
Pour une cérémonie?
LE ROI.
Oui, une bonne action que je fais... une jeune fille que j'arrache aux séductions d'un grand seigneur... Mais chaque chose viendra à son tour... Parlons d'abord de l'affaire principale... Il s'agit d'envoyer un agent secret à la cour de France.
LE DUC.
Puis-je demander à Sa Majesté dans quel but?
LE ROI.
On m'assure que mon cousin Louis XIV a pris parti pour les Hollandais contre l'évêque de Munster. Il me faudrait un homme très-adroit, très-fin et très-intelligent, qui se rendît à Paris, sans mission apparente... et qui, là, pût apprendre par Henriette pour qui est réellement le roi Louis XIV. Eh bien, voyons, Georges, connais-tu quelqu'un que nous puis-

sions charger de cette mission? Parle!... J'avais pensé à Grammont.

LE DUC.

Il est Français dans l'âme.

LE ROI.

Que dis-tu de Rochester?

LE DUC.

Il a déjà fait deux voyages à Paris; il sera reconnu tout de suite.

LE ROI.

D'Ormont?

LE DUC.

Est un grand homme dans un cabinet... mais un homme fort médiocre dans un salon.

LE ROI.

Tout cela est parfaitement vrai. J'ai eu un instant l'idée de t'y envoyer... Mais ton père, de glorieuse mémoire, y a déjà fait tant de folies, et je te sais si fou toi-même, que j'ai bien vite renoncé à cette idée... Tu serais capable de me brouiller avec mon cousin Louis XIV pour les deux premiers beaux yeux que tu rencontrerais... Ah! Georges, Georges! il serait cependant bien temps que cela finît... Ta conduite devient scandaleuse!... après avoir fâché les hommes, tu finiras par fâcher Dieu. Et je ne serais pas étonné que cette peste qui nous désole fût une punition du ciel, attirée par tes péchés.

LE DUC.

Allez, sire, allez toujours!... faites de moi le bouc émissaire... Je ne demande pas mieux que de me charger des péchés de toute la tribu d'Israël, et même de ceux de son roi. Mais, au moins, lâchez-moi ensuite, afin que je puisse retourner à Londres, où je suis impatiemment attendu.

LE ROI.

Oui, par quelque nouvelle maîtresse, mauvais sujet.

LE DUC.

Non, sire, par de vieux créanciers... Je paye mes dettes.

LE ROI.

Buckingham paye ses dettes!... Alors, il faut croire à la fin du monde. Eh bien, ce soir, mon cher Georges, tu seras libre; mais, d'honneur, j'ai besoin de toi pour toute la journée.

LE DUC, à part.

Et Jerningham!... et cette jeune fille, cette belle Sarah!...

SCÈNE III

Les Mêmes, CHIFFINCH.

CHIFFINCH, au fond.

Sire!

LE ROI.

Ah! c'est toi, Chiffinch! Eh bien?

CHIFFINCH.

Miss Sarah et sa tante arrivent à l'instant même à Windsor.

LE DUC, à part.

Sarah à Windsor! Sarah ici! Ah çà! mais cet imbécile de Jerningham a donc échoué?

LE ROI.

Et qui les a amenées?

CHIFFINCH.

Madame Chiffinch, sire.

LE ROI.

Et la jeune fille consent à tout?

CHIFFINCH.

A tout, sire. Mais il était temps que j'arrivasse... Encore un peu, et l'on privait Votre Majesté de la joie de faire une bonne action.

LE ROI.

Que veux-tu dire?

CHIFFINCH, regardant le Duc.

Oui, un grand seigneur, dont j'ignore le nom, avait donné des ordres pour faire enlever cette jeune fille... Heureusement, je suis arrivé à temps, et je l'ai tirée des mains de ses ravisseurs.

LE ROI.

Comment! en plein jour, il se passe des choses pareilles dans ma capitale? Buckingham, vous manderez le chef de la police, et vous lui recommanderez de faire un peu plus consciencieusement son état.

LE DUC.

Sire, aussitôt mon retour à Londres, je m'empresserai de lui faire part des griefs de Votre Majesté; mais serait-il indiscret de demander au roi ce qu'il compte faire de cette jeune fille, de la vertu de laquelle il prend tant de soin?

LE ROI.

Miss Sarah Duncan est d'une vieille famille royaliste. Georges, nous avons trop longtemps négligé ces fidèles serviteurs qui, à l'époque du danger, se sont montrés si dévoués... Il est temps que les récompenses aillent les chercher dans l'obscurité où leur modestie les retient, et où un ingrat oubli les avait laissées. Miss Sarah sera attachée à la reine. Elle épouse un jeune Écossais, neveu de ce brave laird chez lequel nous avons trouvé l'hospitalité le surlendemain de la bataille de Worcester. Te rappelles-tu?

LE DUC.

Parfaitement : sir David Mac Mahon de Susquebaugh.

LE ROI.

C'est cela, justement!

LE DUC, à part.

Mon Écossais damné se sera décidé, malgré sa promesse.

LE ROI.

De cette façon, je récompense d'un seul coup les services de deux familles dévouées. Hélas! si j'avais fait plus souvent de ces bonnes actions-là, Buckingham, au lieu de suivre tes mauvais conseils, je ne serais pas de moitié dans les malédictions qu'on te donne. Heureusement que je suis d'âge à me repentir, et qu'il n'y a pas encore de temps perdu.

LE DUC, avec ironie.

Je vois avec plaisir, sire, que vous êtes sur la route du salut, et qu'il ne vous reste plus qu'à persévérer... D'ailleurs, l'honorable Chiffinch est là pour soutenir Votre Majesté dans cette vertueuse résolution, si Votre Majesté se sentait faiblir.

CHIFFINCH, saluant humblement.

Je suis on ne peut plus reconnaissant à Sa Grâce de la bonne opinion qu'elle a de moi.

LE DUC.

Et quand le mariage aura-t-il lieu, sire?

LE ROI.

Aujourd'hui même, mon cher duc.

LE DUC.

Aujourd'hui même!... Votre Majesté est bien pressée... de faire sa bonne action.

LE ROI.

Dois-je hésiter quand il s'agit du bonheur de mes sujets?...

LE DUC.

Et d'une jolie sujette...

LE ROI.

Laide ou jolie, qu'importe ?... La vertu est toujours belle.

LE DUC.

Sans doute... Votre Majesté ne voit que la vertu... Votre Majesté est si vertueuse !...

LE ROI.

Ce soir, en sortant de la chapelle, lady Dumbiky sera présentée à la reine.

LE DUC.

En grande présentation ?

LE ROI.

Oh ! non, en petit comité ; par le gentilhomme de service, tout simplement.

CHIFFINCH.

Mais Votre Majesté pourrait rendre plus grande encore la récompense qu'elle accorde à la vieille loyauté des Dumbiky et des Duncan, en chargeant de cette présentation le gentilhomme le plus élégant, le plus spirituel et le plus noble de la cour... J'ai nommé le duc de Buckingham.

LE DUC.

Mille remerciments, monsieur Chiffinch ; je vois que, décidément, vous me protégez.

CHIFFINCH.

Je vous rends la pareille, milord.

LE ROI.

Tu as pardieu raison, Chiffinch... Mon cher Georges, c'est toi qui présenteras Sarah Duncan à la reine.

LE DUC.

Je suis entièrement aux ordres de Votre Majesté... seulement, puisqu'elle m'interdit de retourner à Londres, elle me permettra bien de faire parvenir une lettre à mon homme d'affaires.

LE ROI.

Va, Georges, va !... mais reviens vite... Tu ne quittes pas Windsor, surtout ?

LE DUC.

Non, sire ; et, dans quelques minutes, je suis ici... (A part.)

Ce misérable Chiffinch l'emporte encore... mais j'aurai mon tour.

(Il sort.)

SCÈNE IV

LE ROI, CHIFFINCH.

LE ROI.

Bravo, Chiffinch! bravo!... tu as rempli ta mission en diplomate consommé.

CHIFFINCH.

Que dira Votre Majesté lorsqu'elle saura que ce grand seigneur qui était sur le point de nous enlever la jolie Sarah, c'était...

LE ROI.

Qui? Rochester, Grammont, Sussex?...

CHIFFINCH.

Le duc de Buckingham, sire.

LE ROI.

Georges? (Riant.) Et c'est lui que nous avons chargé de cette présentation!

CHIFFINCH.

C'est bien pour cela que j'en ai soufflé l'idée à Votre Majesté.

LE ROI.

Chiffinch, décidément, tu es un grand homme!... Et où est la jeune fille?

CHIFFINCH.

Là, sire... dans cette chambre. (Le Roi fait un pas vers la porte.) Mais que fait donc Votre Majesté?

LE ROI.

Tu as raison, Chiffinch, trop d'empressement lui donnerait des soupçons.

CHIFFINCH.

Oh! c'est que, cette fois, Sa Majesté n'a plus affaire à l'une de nos sages duchesses, ou de nos vertueuses demoiselles d'honneur; elle a affaire à une petite fille des bords de la Tweed... et les armes d'Écosse, que Votre Majesté y prenne garde, sont un chardon.

LE ROI.

Et je me fais une fête de cette différence, Chiffinch! Rien de plus charmant, à mon avis, que la rougeur d'une petite campagnarde, partagée entre la joie et la crainte, la surprise et la curiosité ; c'est le duvet qui orne la pêche... Malheureusement, il dure un jour... la pêche reste bien encore, mais le coloris n'existe plus. Ah !... à propos, Chiffinch, et la pauvre Nelly ?

CHIFFINCH.

J'ai rempli près d'elle le message dont m'avait chargé Votre Majesté.

LE ROI.

Et l'entrevue s'est passée sans trop de cris, sans trop de désespoir ?

CHIFFINCH.

Mais oui ; elle a été beaucoup plus calme que je ne m'y attendais.

LE ROI, piqué.

Ah !

CHIFFINCH.

Et, lorsque je lui ai demandé la clef de cette porte secrète...

LE ROI.

Eh bien ?

CHIFFINCH.

Elle n'a fait aucune difficulté de me la rendre.

LE ROI.

Fort bien ! Chiffinch, tu choisiras un beau diamant, et tu le remettras à Nelly en échange de cette clef.

(Il fait un mouvement pour sortir.)

CHIFFINCH.

Votre Majesté s'éloigne ?

LE ROI.

Oui... Avais-tu donc autre chose à me dire ?

CHIFFINCH.

Je croyais que le roi avait permis que le laird de Dumbiky lui fût présenté.

LE ROI.

Qu'est-ce que cela ?

CHIFFINCH.

Notre prétendu, le neveu de sir David.

LE ROI.

Ah ! oui... Est-il arrivé ?

CHIFFINCH, montrant une porte latérale.

Il est là... sire... il attend.

LE ROI.

Eh bien, à merveille... Présente, mon cher, présente !

(Chiffinch ouvre la porte, Mac Allan paraît.)

SCÈNE V

Les Mêmes, MAC ALLAN.

LE ROI.

Approchez, laird de Dumbiky, approchez.

MAC ALLAN, à Chiffinch, montrant le Roi.

Est-ce que...?

CHIFFINCH.

Oui.

MAC ALLAN.

Comment! ce seigneur... c'est le roi?

CHIFFINCH.

Lui-même.

MAC ALLAN, mettant un genou en terre.

Sire...

LE ROI.

Relevez-vous, laird de Dumbiky. Vous êtes le rejeton d'une noble et loyale race... J'espère que vous serez noble et loyal comme vos aïeux.

MAC ALLAN.

Pardon, sire, mais j'étais si loin de me douter que je fusse destiné à un pareil honneur, que je ne sais comment exprimer à Votre Majesté...

LE ROI.

Jeune homme, ce n'est qu'une dette que nous payons, et bien tard même, à sir David Mac Mahon de Susquebaugh, votre oncle, je crois.

MAC ALLAN.

Mon oncle maternel, sire, dont je suis le seul héritier... C'est pourquoi j'étais venu à Londres avec ce placet... (il cherche dans ses poches) que je comptais faire présenter à Votre Majesté par cet infâme duc de Buckingham... Ah! pardon, sire, j'oubliais que le duc est votre favori.

LE ROI.

Oh! non, non, ne vous gênez pas; allez toujours, je vous le livre.

MAC ALLAN.

Heureusement que j'en avais conservé un double... Eh bien, est-ce qu'il est resté, par hasard, dans la poche d'un de mes cinq autres habits?

LE ROI.

Vous avez cinq autres habits?... Diable!

MAC ALLAN.

Ce n'est pas moi, sire... c'est ce scélérat de Buckingham... Ah! le voici... bien... Que Votre Majesté veuille jeter les yeux sur cette liste de services rendus au roi et à la patrie, et elle verra que mes prétentions sont pleines de justice.

LE ROI.

Personne ne vous conteste vos droits. N'est-ce pas, Chiffinch?

CHIFFINCH.

Au contraire. (A part). On est tout prêt à lui en reconnaître de nouveaux.

MAC ALLAN.

Voyez, sire... « Le 13 septembre 1651, jour de la bataille de Worcester, David Mac Mahon de Susquebaugh, mon oncle, passa la nuit enfoncé jusqu'au cou dans un marais. Le 14 septembre 1651, lendemain de la bataille de Worcester, David Mac Mahon de Susquebaugh, mon oncle, passa la journée tout entière caché dans les branches d'un arbre... Le 15...

LE ROI.

Le 15, il nous donna l'hospitalité, à Georges et à moi, au risque de sa vie... Je sais cela, mon cher Dumbiky.

MAC ALLAN, à part.

Son cher Dumbiky! le roi m'a appelé son cher Dumbiky!

LE ROI.

Mais la liste s'arrête là?

MAC ALLAN.

Oui, sire... Mon oncle n'a pas eu le bonheur de rendre d'autres services à Sa Majesté.

LE ROI.

Vous êtes dans l'erreur, mon cher.

MAC ALLAN.

Bah!

LE ROI.

Comment! votre oncle ne vous a pas parlé de son voyage en Irlande?

MAC ALLAN.

Non.

LE ROI.

De ses deux voyages dans les Provinces-Unies

MAC ALLAN.

Non.

LE ROI.

De ses trois voyages à Paris?

MAC ALLAN.

Il ne m'en a pas dit le plus petit mot. Il est vrai que, comme, à cette époque, je n'avais que six ou huit ans, il m'entretenait peu de ses affaires politiques.

CHIFFINCH, à demi-voix.

C'est cela... Eh bien, votre oncle a tout bonnement sauvé l'Écosse.

MAC ALLAN.

Comment! mon oncle...?

LE ROI, riant.

Oui, oui... Chiffinch vous racontera tout cela.

MAC ALLAN.

Alors, Votre Majesté lèvera le séquestre?

LE ROI.

Il est levé, avec rappel des revenus depuis 1652. Voici l'ordre.

MAC ALLAN, tendant la main.

Mille fois merci, sire.

CHIFFINCH, prenant l'ordre des mains du Roi.

Après votre mariage, je vous le remettrai.

MAC ALLAN.

Après mon mariage?... Tiens, c'est vrai, au fait, je me marie...

CHIFFINCH.

Dans une demi-heure.

MAC ALLAN.

Très-bien. (Le Roi s'éloigne. — Bas, à Chiffinch.) Dites-moi, le roi s'en va... faut-il que je le suive?

CHIFFINCH.

Non ; attendez dans cette salle jusqu'à ce que vous entendiez la cloche de la chapelle; et, quand vous entendrez la cloche, rentrez dans cette chambre.

MAC ALLAN.

A merveille.

CHIFFINCH, suivant le Roi, bas.

Eh bien, que dit Votre Majesté de notre prétendu?

LE ROI, de même.

Mais que c'est justement l'homme qu'il nous faut, et que tu l'aurais fait faire exprès, qu'il ne serait pas mieux.

CHIFFINCH, accompagnant le Roi.

Oui, n'est-ce pas, sire... j'ai la main heureuse?

(Ils sortent par la porte du fond. Mac Allan les suit en faisant force révérences. Pendant ce temps, une petite porte secrète s'ouvre doucement. Nelly paraît.)

SCÈNE VI

NELLY, MAC ALLAN.

NELLY, à part.

Ah! sire, vous m'avez fait redemander la clef du passage secret... Heureusement, par prévoyance, j'en avais fait faire une seconde. Grâce à cette précaution, je viens de tout entendre... le mariage, la présentation et le titre de dame d'honneur... Très-bien! c'est la marche ordinaire des choses... nous connaissons cela... Mais je suis là, sire, et j'espère bien déranger tous vos petits projets.

MAC ALLAN, revenant.

Quel grand roi!... Tiens, c'est vous, Nelly! par où êtes-vous donc entrée?

NELLY.

Chut!

MAC ALLAN.

Bah! encore du mystère?

NELLY.

Je suis pour vous ici, et personne ne sait que j'y suis.

MAC ALLAN.

Merci, chère Nelly, merci mille fois... Vous m'avez donné un conseil admirable; tout ce qui m'arrive est fabuleux... il me semble que je suis le héros d'un conte de fée... je nage dans le surnaturel.

NELLY.

Alors, vous êtes content?

MAC ALLAN.

Ravi!

NELLY.

Ce mariage ne vous effraye plus?

MAC ALLAN.

Il m'enchante.

NELLY.

Vous avez vu le roi?

MAC ALLAN.

Nous nous quittons; il m'a appelé son cher Dumbiky.

NELLY.

Et Sa Majesté a été...?

MAC ALLAN.

Adorable!... mais il faut dire aussi que mon oncle lui a rendu de grands services.

NELLY.

Vraiment?

MAC ALLAN.

Comprenez-vous cela? Autrefois, quand je parlais des services de mon oncle, on ne m'écoutait même pas, ou l'on me riait au nez... Aujourd'hui, tout le monde le connaît... c'est un grand homme! c'est un homme historique!

NELLY.

Eh bien, quand je vous disais que tout irait à merveille.

MAC ALLAN.

Et cependant vous ne saviez pas le plus beau, vous, le plus important; vous ne saviez pas qu'il avait fait un voyage en Irlande, deux voyages dans les Provinces-Unies, et trois voyages en France. Il paraît que c'est lui qui a sauvé l'Écosse.

NELLY.

Sauvé l'Écosse?

MAC ALLAN.

Dame, c'est devant le roi lui-même qu'on me l'a dit.

NELLY.

Eh bien, mais voilà qui vous met en bonne position, mon cher Dumbiky.

MAC ALLAN.

C'est-à-dire que cela me met en position excellente... et maintenant surtout que ma femme, de son côté, sera près de la reine.

NELLY.

Oui, sans doute, c'est fort honorable; mais, si j'ai un conseil à vous donner, c'est de veiller avec attention sur elle.

MAC ALLAN.

Sur la reine?

NELLY.

Non, sur votre femme. N'oubliez pas, mon cher Dumbiky, que vous vivez au milieu de la cour la plus dissolue de l'Europe.

MAC ALLAN.

Eh bien, qu'est-ce que cela me fait, à moi?

NELLY.

Votre femme sera exposée à mille séductions.

MAC ALLAN.

Tiens, elle est dame d'honneur; qu'elle s'en tire comme elle pourra, cela ne me regarde pas

NELLY.

Comment, cela ne vous regarde pas? Que dites-vous donc là?

MAC ALLAN.

Sans doute. Moi, je ne la connais pas, je ne l'aime pas... je ne l'ai jamais vue, je ne sais pas même son nom. J'épouse, parce que vous m'avez dit d'épouser... voilà tout; mais vous ne m'avez pas prévenu que je devais l'aimer.

NELLY.

Mais, mon Dieu, que me dites-vous là!

MAC ALLAN.

La pure vérité. D'ailleurs, j'ai bien autre chose à faire, allez, que de veiller sur ma femme!

NELLY.

Qu'avez-vous à faire? C'est, à mon tour, moi qui marche de surprise en surprise, je l'avoue.

MAC ALLAN.

Ma chère Nelly, je suis amoureux.

NELLY.

Vous, amoureux?

MAC ALLAN.

Comme un fou!

NELLY.

De qui?

5.

MAC ALLAN.

D'une jeune fille charmante !

NELLY.

Qui se nomme ?

MAC ALLAN.

Sarah Duncan.

NELLY.

Sarah Duncan !... Comment ne m'avez-vous pas dit cela ?

MAC ALLAN.

C'est que je ne vous ai pas rencontrée depuis que je l'ai vue pour la première fois.

NELLY.

Et vous avez pris feu ainsi tout à coup ?

MAC ALLAN.

Que voulez-vous ! je suis du pays des bruyères, moi, je m'enflamme facilement.

NELLY.

Ah ! tous mes projets renversés !

MAC ALLAN.

Vous dites ?

NELLY.

Rien. Je vous demande seulement ce que vous comptez faire.

MAC ALLAN.

Mais je vais être riche, je vais être grand seigneur, je ferai comme les grands seigneurs, mes confrères.

NELLY.

Mais, si, pendant que vous vous ferez aimer de cette jeune fille, un autre se fait aimer de votre femme ?

MAC ALLAN.

Que voulez-vous ! je serai philosophe. N'est-ce pas ainsi que cela s'appelle à la cour ?

NELLY, à part.

Ah ! le malheureux ! qui aurait dit cela de lui ? (Haut.) Ainsi, peu vous importe ce que deviendra votre femme ?

MAC ALLAN.

Elle peut devenir ce qu'elle voudra ; cela m'est absolument égal.

NELLY.

Cependant elle doit être jeune, elle doit être jolie.

MAC ALLAN.

Qu'elle soit tout ce qu'elle voudra, j'en aime une autre.

NELLY.

C'est bien, Dumbiky; voilà tout ce que je voulais vous dire... Que je ne vous retienne plus.

MAC ALLAN.

Est-ce que je ne vous reverrai pas, chère Nelly?

NELLY.

A quoi bon? Tout ce que je pouvais faire pour vous, je l'ai fait. Vous allez être riche, heureux, en faveur; vous n'avez plus besoin de la pauvre Nelly.

MAC ALLAN.

Mais qu'avez-vous?

NELLY.

Rien, rien... Allez.

MAC ALLAN, insistant.

Nelly.

NELLY.

Allez.

(Mac Allan sort par la droite.)

SCÈNE VII

NELLY, seule.

Je suis perdue! tout le plan que j'avais élevé sur la jalousie de ce jeune homme est anéanti... Puissante avec lui... je ne puis rien sans lui... On vient! (Elle va au passage secret.) Le duc! Eh! mais, j'y pense, si par lui... si l'un par l'autre... Oh! c'est le ciel qui me l'envoie.

SCÈNE VIII

LE DUC, NELLY.

LE DUC.

Nelly ici!

NELLY.

Cela vous étonne de me voir dans ce pavillon, milord... Je vous attendais.

LE DUC, froidement.

Moi, madame! et qui peut me mériter une pareille faveur?

NELLY.

Notre intérêt à tous deux.

LE DUC.

Pardon, mais je cherche vainement, belle Nelly, ce qu'il peut y avoir de commun...

NELLY.

Entre la comédienne de Drury-Lane et Sa Grâce milord duc de Buckingham? D'abord, il y a de commun que notre faveur à tous deux, milord, est fort aventurée en ce moment.

LE DUC.

Oh! je suis bien tranquille. Charles ne peut se passer de moi.

NELLY.

Eh! mon Dieu, milord, c'est notre erreur, à nous autres courtisans, de nous croire indispensables, et cependant je suis sur le point d'avoir la preuve du contraire, moi.

LE DUC.

Oui. Le roi est affolé de cette petite fille.

NELLY.

Dont, de son côté...

LE DUC.

Ma foi, j'avoue que je suis piqué au jeu.

NELLY.

Et si je vous donnais un moyen de gagner la partie?

LE DUC.

Vous, Nelly?

NELLY.

Oui, moi.

LE DUC.

Mais quel motif avez-vous de me servir contre le roi?

NELLY.

Vous le demandez!

LE DUC.

C'est juste... Cette jeune fille est votre rivale. Si le roi échoue, vous reprenez votre faveur.

NELLY.

Et vous, vous avez toute chance de réussir. Vous voyez bien, monseigneur, que la comédienne Nelly et le duc de Bucking-

ham, si loin que la fortune les ait placés l'un de l'autre, peuvent avoir des intérêts communs.
LE DUC.
Oui, sans doute. Mais, voyons, que me conseillez-vous?
NELLY.
Vous n'avez donc rien trouvé?
LE DUC.
Non.
NELLY.
Comment votre imaginative...?
LE DUC.
Me fait défaut.
NELLY.
A vous, l'homme le plus habile de la cour?
LE DUC.
Je l'avoue à ma honte.
NELLY.
Écoutez donc, milord, et reconnaissez votre maître.
LE DUC.
J'écoute et je m'humilie.
NELLY.
Vous êtes chargé de présenter lady Dumbiky à la reine?
LE DUC.
D'où savez-vous cela?
NELLY.
Je le sais... Que vous importe?
LE DUC.
Oui, c'est une obligation que j'ai au roi et à ce damné de Chiffinch.
NELLY.
Eh bien, milord, il faut que la plaisanterie tourne à la confusion de ceux qui vous l'ont faite.
LE DUC.
Ah! je ne demande pas mieux.
NELLY.
A quelle heure la présentation?
LE DUC.
Ce soir, à neuf heures.
NELLY.
C'est bien, il fera nuit noire.

LE DUC.

Sans compter que, si courte que soit la cérémonie, elle durera toujours bien une demi-heure.

NELLY.

Où a-t-elle lieu?

LE DUC.

Au château de Windsor.

NELLI.

Où reconduit-on la mariée?

LE DUC.

On la ramène ici. Cet appartement lui est destiné.

NELLY.

Ici... Eh bien, devinez-vous maintenant?

LE DUC.

Non.

NELLY.

Vous faites comprendre au mari que le cérémonial exige qu'il soit dans une seconde voiture...

LE DUC.

Attendez donc...

NELLY.

Vous montez avec la mariée dans la première...

LE DUC.

Et, comme il fait nuit noire...

NELLY.

Elle ne s'aperçoit pas que vous prenez une autre route...

LE DUC.

Et au lieu de la reconduire ici...

NELLY.

Vous l'emmenez.

LE DUC.

Mais où cela? Je ne puis la conduire qu'à Londres. Elle s'apercevra, à la longueur de la route, que je la trompe; elle appellera, elle criera!

NELLY.

Ma maison de campagne est à deux milles d'ici.

LE DUC.

Carlton cottage.

NELLY.

En voici la clef.

LE DUC, avec joie.

Oh! Nelly...

NELLY.

Et maintenant, milord, vous comprenez qu'il ne faut pas qu'on nous voie ensemble.

(Un Valet entre.)

LE DUC.

D'ailleurs, voici le roi, qui, je crois, m'envoie chercher.

NELLY.

Ah! un dernier mot.

LE DUC.

Lequel?

NELLY.

Savez-vous le nom de cette jeune fille?...

LE DUC.

Sarah Duncan.

NELLY, vivement.

Sarah Duncan!

LE DUC.

Hein?

NELLY.

Rien.

LE DUC, au Valet.

Je vous suis, mon ami... je vous suis.

(Il s'éloigne.)

NELLY, seule.

Sarah Duncan!... C'est de sa femme, qu'il ne connaît pas, que Dumbiky est amoureux!... Ah! roi et duc, je vous tiens tous deux dans cette main!

(Elle sort par la petite porte secrète, qui se referme aussitôt.)

SCÈNE IX

MAC ALLAN, qui, depuis la sortie du Duc, s'est montré au fond, dans la seconde salle, en paraissant vouloir s'orienter; puis SARAH.

C'est elle! c'est bien elle! Sarah Duncan, je l'ai vue! mes yeux et mon cœur n'ont pu me tromper; et, j'en suis sûr, elle aussi m'a aperçu! Oh! mais je veux la revoir, lui parler... Voyons, orientons-nous : j'étais dans le jardin, elle a paru à une fenêtre; cette fenêtre doit être de ce côté. Voilà une porte qui doit conduire à l'appartement où était Sarah! ne perdons pas une minute.

(Il frappe et écoute. On ne répond rien. Il frappe une deuxième fois.)

SARAH, de l'autre côté de la porte.

Qui frappe?

MAC ALLAN.

C'est sa voix... Moi, Sarah!

SARAH.

C'est vous! je vous avais reconnu.

MAC ALLAN.

Alors, ouvrez-moi; j'ai mille choses à vous dire.

SARAH.

Moi aussi; mais la porte est fermée.

MAC ALLAN.

Attendez; les verrous sont de ce côté, je crois... Oui, oui, la porte cède... (Sarah paraît.) O chère Sarah! oh! venez, venez... Que je suis heureux de vous retrouver!

SARAH.

Et moi aussi, je suis bien contente de vous revoir... J'ai attendu longtemps dans la chambre de cette taverne, espérant que vous alliez rentrer; mais j'ai attendu vainement; j'ai cru que c'était fini et que nous étions séparés pour jamais.

MAC ALLAN.

Comment, pour jamais? pourquoi cela, séparés?

SARAH.

Monsieur Dumbiky, je vais me marier.

MAC ALLAN.

Hélas! et moi aussi, mademoiselle.

SARAH.

Et sans doute, monsieur, vous aimez votre fiancée?

MAC ALLAN.

Moi? Je ne la connais pas.

SARAH.

Comment! vous ne connaissez pas la femme que vous allez épouser?

MAC ALLAN.

Non... C'est un mariage de convenance; des intérêts de famille...

SARAH, à part.

Oh! c'est étrange.

MAC ALLAN.

Mais vous, vous épousez sans doute quelque beau gentilhomme que vous adorez.

SARAH.

Il faudrait au moins que je l'eusse vu pour savoir si je l'adore.

MAC ALLAN.

Vous n'avez pas vu votre fiancé?

SARAH.

Non... Nous avions à Londres un procès d'où dépendait toute notre fortune. On a proposé à ma tante de me marier pour arranger les choses.

MAC ALLAN.

Qui cela?

SARAH.

Notre avocat.

MAC ALLAN.

Alors, votre futur est probablement la personne avec laquelle vous plaidiez?

SARAH.

Probablement.

MAC ALLAN.

Sans doute quelque vieil avare, quelque vieux juif.

SARAH.

Non; on m'a assuré que c'était un jeune homme.

MAC ALLAN, piqué.

Ah! alors, c'est autre chose; je vous fais mon compliment, mademoiselle.

SARAH.

Recevez le mien en échange, monsieur.

MAC ALLAN.

Merci, il n'y a pas de quoi.

SARAH.

Est-ce que vous épousez une vieille femme, par hasard?

MAC ALLAN.

Non, on m'assure même qu'elle est fort jolie.

SARAH, soupirant.

Tant mieux, monsieur! vous serez heureux... C'est ce que j'avais demandé à Dieu, en récompense du service que vous m'avez rendu.

MAC ALLAN.

Mais comment êtes-vous à Windsor?

SARAH.

Comme Sa Majesté le roi Charles II, que ma famille a toujours servi avec loyauté, s'intéresse à ce mariage, on m'a prise ce matin en carrosse et l'on m'a amenée ici.

MAC ALLAN.

Tiens, c'est comme moi.

SARAH.

Puis on m'a donné cet appartement, à la fenêtre duquel vous m'avez vue.

MAC ALLAN.

Et à moi celui-là.

SARAH.

Enfin on m'a prévenue de me tenir prête quand j'entendrais sonner la cloche de la chapelle.

MAC ALLAN.

J'ai reçu la même recommandation. Il paraît qu'on fera nos deux mariages en même temps.

(Chiffinch paraît au fond.)

SARAH, écoutant.

Oh! mon Dieu!

MAC ALLAN.

Quoi?

SARAH.

La cloche, entendez-vous?

MAC ALLAN.

Il faut nous quitter.

SARAH.

Oh! mon Dieu!

MAC ALLAN.

Si j'étais sûr, au moins, que vous ne m'oublierez pas!

SARAH.

Si je croyais que vous garderez mon souvenir!

MAC ALLAN.

Oh! cela, je vous le jure.

SARAH.

Le service que vous m'avez rendu vous est un gage de ma reconnaissance.

MAC ALLAN.

Ainsi, Sarah...?

SARAH.

Je penserai à vous.

MAC ALLAN.

Toujours?

SARAH.

Ah! toujours.

MAC ALLAN.

Et moi aussi, Sarah, partout où je serai, je vous le jure... Adieu!

SARAH.

Adieu!

(Chacun d'eux se dirige vers son appartement.)

SCÈNE X

Les Mêmes, CHIFFINCH.

CHIFFINCH, s'avançant.

Eh bien, que faites-vous donc?

MAC ALLAN.

Vous le voyez.

SARAH.

Nous obéissons.

CHIFFINCH.

En ce cas, au lieu de vous quitter...

MAC ALLAN.

Quoi?

CHIFFINCH.

Donnez-vous la main.

SARAH.

Comment?

MAC ALLAN.

Ma future?

CHIFFINCH.

La voici.

SARAH.

Mon fiancé?

CHIFFINCH.

Le voilà.

SARAH.

Mac Allan, mon mari?

MAC ALLAN.

Sarah, ma femme?

CHIFFINCH.

Sans doute.

SARAH.

Oh! mon Dieu, que je suis heureuse!

MAC ALLAN.

C'est pour en mourir de joie.

SARAH.

Vous ne nous trompez pas?

CHIFFINCH.

Non.

MAC ALLAN.

C'est la vérité?

CHIFFINCH.

Oui.

MAC ALLAN.

Sarah!

SARAH.

Dumbiky!

MAC ALLAN.

Ah! décidément, le roi Charles II est le plus grand roi de l'univers.

SCÈNE XI

Les Mêmes, LE ROI, LE DUC, paraissant au fond.

LE ROI.

Je suis bien aise que telle soit votre opinion, monsieur Dumbiky.

MAC ALLAN, saisissant une main du Roi, qu'il baise.

Oh! sire!

SARAH, saisissant l'autre.

Sire!

CHIFFINCH, à Buckingham.

Eh bien, milord, ne trouvez-vous pas quelque chose de touchant dans cette reconnaissance?

LE DUC.

Si fait... parole d'honneur! et j'en ai les larmes aux yeux.

LE ROI.

Allons, laird de Dumbiky, donnez le bras à votre femme... Le chapelain vous attend.

MAC ALLAN.

A vos ordres, sire.

(Il donne le bras à Sarah et sort avec elle.)

LE ROI, à part.

Elle est à moi !

(Il sort.)

LE DUC, à part.

Elle est à moi !

(Il sort.)

SCÈNE XII

Les Mêmes, s'éloignant; NELLY.

NELLY, ouvrant la petite porte secrète, à part.

Ni à l'un ni à l'autre.

ACTE QUATRIÈME

Même décoration.

SCÈNE PREMIÈRE

CHIFFINCH, MAC ALLAN, SARAH.

CHIFFINCH, entrant le premier.

Par ici, milady, par ici.

MAC ALLAN, paraissant avec Sarah.

Enfin, voilà qui est terminé ! Je vous jure, monsieur Chiffinch, que, jusqu'à présent, j'ai pris ce qui s'est passé pour une plaisanterie... Mais, maintenant que tout est fini... et que Sarah, à ce que je suppose du moins, est bien véritablement ma femme, mille remercîments, monsieur Chiffinch, de toute la part que vous avez prise à cette aventure... Aussi, soyez persuadé que je n'oublierai jamais que c'est vous qui êtes venu me faire les premières propositions... Vous pouvez donc être assuré que vous avez en moi un ami... mais un ami dévoué... Monsieur Chiffinch, j'ai bien l'honneur...

CHIFFINCH, à Sarah.

Voici votre appartement tant que la cour restera à Windsor... Vous le voyez, il se compose de cette antichambre, de ce salon où nous sommes, d'un boudoir... et de cette chambre à coucher.

MAC ALLAN.

Oui, je sais... c'est là la chambre à coucher. J'ai déjà remarqué.

CHIFFINCH.

Ces deux portes sont des dégagements communiquant à l'aide d'un long corridor, l'un chez Sa Majesté...

MAC ALLAN.

Ah! c'est par là qu'on va chez Sa Majesté? Très-bien. Ainsi, quand j'aurai quelque chose à demander au roi...?

CHIFFINCH.

L'autre communiquant aux appartements réservés à Sa Grâce lord Buckingham, lorsque le roi le fait mander à Windsor.

MAC ALLAN.

Celui-là, je suis moins pressé de le voir, je puis même dire que je lui garde une certaine rancune, et que, si l'occasion se présente de lui être désagréable, je ne la manquerai pas... Quant à vous, monsieur Chiffinch, mille grâces pour les renseignements topographiques que vous avez eu la bonté de nous donner... et croyez que j'ai bien l'honneur...

CHIFFINCH, continuant, à Sarah.

Maintenant, il me reste à vous donner quelques instructions sur le genre de service auquel vous êtes appelée près de Sa Majesté la reine.

MAC ALLAN.

Est-ce bien nécessaire qu'elle les reçoive dans ce moment-ci?

CHIFFINCH.

Absolument.

MAC ALLAN.

On ne pourrait pas un peu plus tard?

CHIFFINCH.
Elle entre en fonctions demain.
MAC ALLAN.
Oh! alors, si elle entre en fonctions demain, c'est autre chose.
SARAH.
Je vous écoute, monsieur, et vous pouvez assurer Sa Majesté qu'à défaut de science, tout ce que la bonne volonté peut faire...
CHIFFINCH.
Oui, certainement, et Sa Majesté est bien convaincue...
MAC ALLAN, à part.
Que de préambules, mon Dieu!
CHIFFINCH.
D'abord, tant que vous êtes de service, vous couchez au château.
MAC ALLAN.
Comment! ma femme couche au château?
CHIFFINCH.
Certainement... La reine peut se trouver indisposée et avoir besoin de ses femmes.
SARAH.
C'est juste, mon ami.
MAC ALLAN.
C'est juste, c'est juste... Je ne trouve pas cela juste du tout, moi... Qu'on fasse veiller un médecin dans l'antichambre... c'est bien plus simple. En cas d'événement, il rendra bien plus de services que ma femme.
CHIFFINCH.
Le matin, vous assistez au lever de Sa Majesté; puis vous l'accompagnez à la messe; au retour, vous déjeunez avec les autres dames d'honneur, à moins que Sa Majesté ne vous admette à sa table. Le déjeuner fini, vous vous tenez prête, s'il fait beau, à la suivre à la promenade; s'il fait mauvais temps, à lui tenir compagnie... Au retour, Sa Majesté a l'habitude de se faire faire une lecture; après quoi, elle s'occupe de sa toilette... Presque toujours, à moins de circonstances particulières, les dames d'honneur dînent à la table de Sa Majesté... Après le dîner, la reine, qui est Portugaise, passe dans son boudoir et se repose une heure ou deux... Pendant ce temps, les dames d'honneur veillent à ce que le sommeil de la reine ne

soit pas interrompu... Puis elle se réveille, fait une troisième toilette pour le cercle, où les dames d'honneur doivent assister, et qui dure en général jusqu'à minuit.

SARAH.

Et le lendemain?

CHIFFINCH.

Le lendemain, cela recommence, l'étiquette étant la même pour tous les jours de l'année.

MAC ALLAN.

Dites-moi, monsieur Chiffinch, et combien de temps, je vous prie, dure ce service?

CHIFFINCH.

Trois mois... Les quartiers sont divisés par trimestres.

MAC ALLAN.

Allons, c'est trois mois à passer; mais, au moins, il en reste neuf... Pendant les neuf autres mois, nous sommes libres, n'est-ce pas?

CHIFFINCH.

Entièrement.

MAC ALLAN.

Ah !

CHIFFINCH.

Seulement, il ne faudrait pas trop vous éloigner de la cour, attendu qu'en cas d'indisposition d'une dame de service, vous pouvez, si vous êtes en faveur, être désignée par la reine pour la remplacer.

MAC ALLAN.

Ah çà! mais on redoute diablement les maladies par ici.

CHIFFINCH.

Maintenant, pour les jours de grande fête, pour les jours de réception...

MAC ALLAN.

Pardon, monsieur Chiffinch... Comme je vous le disais, je vous suis on ne peut plus reconnaissant de ce que vous avez fait pour moi, et de ce que vous faites pour ma femme... mais, si elle commence demain un service qui réclame tant d'assiduité... un service qui va me séparer d'elle pendant trois mois... vous comprenez que, ce soir... Monsieur Chiffinch, j'ai bien l'honneur...

CHIFFINCH.

Comment donc! mais rien de plus naturel... et je regrette bien vivement...

MAC ALLAN.

Il n'y a pas de quoi.

CHIFFINCH.

Mais j'avais cru de mon devoir...

MAC ALLAN.

Certainement.

CHIFFINCH.

Plus tard donc...

MAC ALLAN.

Oui, monsieur Chiffinch... plus tard... tant que vous voudrez, plus tard...

CHIFFINCH, s'inclinant.

Milady...

MAC ALLAN.

Monsieur Chiffinch, j'ai bien l'honneur...

(Chiffinch sort.)

SCÈNE II

MAC ALLAN, SARAH.

MAC ALLAN, après avoir reconduit Chiffinch jusqu'à la porte.

Ah!

SARAH, tristement.

Eh bien, mon ami, avez-vous entendu ce qu'il a dit?

MAC ALLAN.

Je n'en ai pas perdu une parole, je vous prie de le croire... Savez-vous, chère Sarah, que c'est une place fort désagréable pour moi que votre place? Comment, pendant trois mois... à peine si je pourrai vous voir un instant.

SARAH.

Heureusement que, ces trois mois passés...

MAC ALLAN.

Nous nous sauvons bien vite en Écosse, n'est-ce pas?... Ils seront malades ici, si cela leur fait plaisir... quant à nous, il n'y a pas de danger, n'est-ce pas?... Quel bonheur de revoir ensemble nos lacs, nos bruyères, nos montagnes, nos forêts!... car vous êtes comme moi, Sarah, vous aimez votre pays.

SARAH.

Ah! oui.

MAC ALLAN.

Et puis, d'ailleurs, j'ai mes affaires en Écosse... Je ferai valoir que, pendant tout le séquestre, les biens de mon oncle David Mac Mahon de Susquebaugh ont été très-mal entretenus... Je dirai qu'ils réclament impérieusement ma présence... Et c'est vrai au moins... tout cela est désert, tout cela est dévasté, tout cela tombe en ruine... Eh bien, mais... (conduisant Sarah vers un canapé) que dis-je donc là? de quoi est-ce que je m'occupe, je vous le demande... quand je suis là près de vous?... Chère Sarah!... je puis donc enfin vous exprimer... (On frappe à la porte du milieu au moment où Mac Allan va s'asseoir près de sa femme. Avec humeur.) Entrez.

SCÈNE III

Les Mêmes, un Valet.

MAC ALLAN.

Qu'est-ce que cela? Voyons!

LE VALET, offrant un écrin à Sarah.

De la part de Sa Majesté.

MAC ALLAN, le prenant.

Donnez...

(Il ouvre l'écrin.)

SARAH.

Ah! des diamants adorables...

LE VALET.

Sa Majesté désire que lady Dumbiky porte ces diamants à la présentation de ce soir.

SARAH.

Dites à Sa Majesté que je me conformerai à ses désirs.

MAC ALLAN.

Dites à Sa Majesté que nous nous conformerons à ses désirs... Monsieur, j'ai bien l'honneur... (Il pousse la porte derrière le Valet.) Ah!

SCÈNE IV

SARAH, MAC ALLAN.

SARAH.
Oh! voyez donc, mon ami, l'admirable parure!
MAC ALLAN.
Oui, admirable... Mais, heureusement, ma Sarah n'a pas besoin de diamants pour être belle.
SARAH, posant le diadème sur sa tête.
Nimporte, cela ne gâte rien... Voyez donc comme ce diadème fera bien sur mes cheveux.
MAC ALLAN, lui reprenant le diadème et le posant sur la table.
Oui, oui... très-bien.
SARAH, mettant le collier.
Et ce collier à mon cou.
MAC ALLAN, lui retirant le collier
A merveille!
SARAH, passant les bracelets.
Et ces bracelets à mes bras.
MAC ALLAN, lui reprenant les bracelets.
Délicieux!
SARAH.
Flatteur!
MAC ALLAN, la reconduisant au canapé.
Non, foi d'Écossais! je dis ce que je pense. (Essayant de s'asseoir.) Chère Sarah! je puis donc enfin vous exprimer... (On frappe à la porte de droite. De très-mauvaise humeur.) Entrez!...

SCÈNE V

Les Mêmes, LE DUC

LE DUC, à part.
Ensemble?... Non pas!
MAC ALLAN, à part.
Le duc, à présent... Bon!
LE DUC.
Pardon! je ne vous dérange pas, j'espère?

MAC ALLAN.

Non, pas absolument... Cependant, monseigneur... (A part.) Tiens, je ne sais pas pourquoi je me gênerais avec lui, moi... Un homme qui a voulu m'enlever ma femme.

LE DUC.

Oh! mon Dieu! je suis désespéré, mais il faut absolument que je donne à lady Dumbiky quelques conseils sur la présentation de ce soir.

MAC ALLAN, à part.

Enfin il est écrit que tout le monde causera avec ma femme, excepté moi.

SARAH.

Je vous suis bien reconnaissante, milord, de votre complaisance.

MAC ALLAN.

Et moi donc!

LE DUC.

Je viendrai vous prendre à neuf heures précises...

MAC ALLAN, regardant à sa montre.

Merci, milord... Il est huit heures un quart... Vous pouvez être tranquille, dans quarante-cinq minutes, nous serons tout à vos ordres... Ainsi donc, monseigneur...

LE DUC, à Sarah.

La duchesse de Norfolk et la comtesse de Sussex vous attendront dans le premier salon... Vous prendrez place entre elles; car, pour moi, je suis votre chevalier seulement... Je vous conduis et je vous ramène, voilà tout...

MAC ALLAN.

Fort bien! fort bien, milord.

LE DUC.

Vos deux marraines vous introduiront alors chez Sa Majesté, on déclinera vos titres... Vous êtes de votre chef... baronne... comtesse?...

SARAH.

Nous sommes nobles Écossais, depuis le xie siècle, milord, voilà tout... Les titres, vous le savez, milord, sont rares de l'autre côté de la Tweed.

LE DUC.

Nobles depuis le xie siècle, diable!... c'est fort joli, et beaucoup de nos ducs et pairs voudraient pouvoir établir une pareille filiation... La reine vous fera quelques compliments...

ou sur vous-même, ou sur vos aïeux... Vous répondrez à ces compliments par une simple révérence.

SARAH.

Oui, milord.

LE DUC.

Puis, lorsque la reine aura cessé de parler, vous ferez trois pas en arrière, et vous vous tiendrez debout jusqu'à ce que vos deux marraines vous fassent signe de vous retirer... Alors, je m'avance, je vous présente la main, je vous conduis à votre voiture, et je vous ramène.

MAC ALLAN.

Ah! mon Dieu! monseigneur, ne vous donnez pas tant de peine, c'est inutile... Je serai là, et je ramènerai madame.

LE DUC.

Impossible, mon cher!... c'est contre toutes les règles de l'étiquette; vous ne pouvez même pas monter dans le même carrosse qu'elle.

MAC ALLAN.

Comment! je ne puis pas monter dans le carrosse où sera ma femme?

LE DUC.

C'est-à-dire que cela vous est positivement interdit... Vous suivrez dans une seconde voiture, ou vous attendrez ici.

MAC ALLAN.

J'aime mieux suivre.

LE DUC.

Vous le pouvez... c'est à votre choix...

MAC ALLAN.

Merci... c'est bien heureux! Maintenant, ma chère Sarah, vous savez ce qu'il y a à faire, n'est-ce pas?

SARAH.

Oui.

MAC ALLAN.

Vous vous rappellerez de point en point les conseils que Sa Grâce a eu la bonté de vous donner... les deux marraines, le compliment, la révérence...

SARAH.

Parfaitement.

MAC ALLAN.

Il ne nous reste donc plus qu'à présenter nos remercîments à Sa Grâce. Ainsi, monseigneur...(Voyant entrer Chiffinch par la porte à gauche.) Allons, Chiffinch, à cette heure....Bien!...

SCÈNE VI

Les Mêmes, CHIFFINCH.

CHIFFINCH, à part.

Le duc!... j'en étais sûr.

LE DUC, à part.

Chiffinch!... en effet, j'étais étonné de ne pas l'avoir déjà sur mes talons.

CHIFFINCH.

Je venais de la part du roi...

LE DUC.

Pour parler de la présentation? Vous le voyez, monsieur Chiffinch, je m'en étais chargé, et, à l'instant même, je m'occupais de ce devoir.

CHIFFINCH, bas, à Mac Allan.

Éloignez le duc...

MAC ALLAN, bas.

Je ne demande pas mieux.

LE DUC, bas, à Mac Allan.

Débarrassez-vous de Chiffinch...

MAC ALLAN, bas.

C'est mon plus vif désir... Écoutez, faites semblant de vous en aller... et, quand il verra que je ne vous retiens pas, vous, le duc de Buckingham... il comprendra que je désire être seul.

LE DUC.

Très-bien!

MAC ALLAN, à Chiffinch.

Faites mine de vous retirer, et, quand il verra que je ne vous retiens pas, vous, le valet de chambre du roi... il sentira qu'il est importun.

CHIFFINCH.

A merveille!

MAC ALLAN, bas, au Duc, qui s'est assis sur le canapé, à côté de Sarah.

Milord... milord... nous sommes convenus que...

LE DUC.

Et maintenant, milady, que vous êtes bien édifiée, j'attendrai l'heure de la présentation.

MAC ALLAN.

C'est cela, milord, c'est cela... Nous avons quarante-cinq minutes, vous savez...

CHIFFINCH.

Puisque Sa Grâce s'est chargée de la commission que je venais remplir de la part de Sa Majesté...

MAC ALLAN.

Vous le voyez, monseigneur a eu cette bonté... Messieurs, j'ai bien l'honneur...

(Il les salue tous les deux à la fois. Ils sortent chacun d'un côté. Mac Allan va mettre les verrous aux deux portes par lesquelles ils sont sortis.)

SCÈNE VII

SARAH, MAC ALLAN.

MAC ALLAN.

Enfin les voilà partis!... ce n'est pas sans peine que je suis parvenu à les éloigner... Chère Sarah!... je puis donc enfin vous exprimer...

UN HUISSIER, ouvrant la porte du fond.

Le roi!...

MAC ALLAN, furieux.

Entrez!... Il ne manquait plus que cela.

SCÈNE VIII

Les Mêmes, LE ROI.

MAC ALLAN, allant au-devant du Roi.

Comment, sire!... c'est Votre Majesté en personne?... Votre Majesté daigne...?

LE ROI.

N'avez-vous pas vu Chiffinch tout à l'heure? Je croyais qu'il m'avait précédé...

MAC ALLAN.

Oui, sire... il est venu, il n'y a qu'un instant... Mais, comme il s'est rencontré avec le duc de Buckingham...

LE ROI.

Le duc de Buckingham ici!... et qu'y venait-il faire?

MAC ALLAN.

Donner à lady Dumbiky des instructions pour la présentation de ce soir...

LE ROI.

Je reconnais bien, à cette complaisance, la courtoisie du duc... Ainsi, Chiffinch... n'a rien pu vous dire...?

MAC ALLAN.

Non, sire.

LE ROI, à part.

Ah! diable!... le temps presse... C'est qu'elle est vraiment charmante, cette petite femme!

MAC ALLAN.

Si Votre Majesté daigne me communiquer de sa propre bouche...

LE ROI.

Oui... et puisque Chiffinch ne vient pas..

MAC ALLAN.

Non, sire... il ne vient pas...

LE ROI.

J'ai à vous parler d'affaires importantes.

MAC ALLAN.

A moi, sire?

LE ROI.

Oui... à vous...

MAC ALLAN.

D'affaires importantes?

LE ROI.

De la plus haute importance... Éloignez lady Sarah.

MAC ALLAN, à part.

Eh bien, à la bonne heure!... Sa Majesté vient pour moi au moins.

LE ROI, regardant vers la porte, à part.

Ce diable de Chiffinch...

MAC ALLAN.

Ma chère Sarah, l'heure de la présentation approche... Je crois qu'il serait temps que vous vous occupassiez un peu de votre toilette.

SARAH.

A l'instant même.

LE ROI.

Vous avez reçu, milady...?

SARAH.

Oui, sire, une parure superbe, et je rends mille grâces à Votre Majesté de ce précieux cadeau.

LE ROI.
Oh! cela n'en vaut pas la peine...

SARAH.
Sire...

(Elle fait une profonde révérence.)

MAC ALLAN.
Va, ma petite Sarah... va; je te rejoindrai aussitôt que je pourrai.

(Il veut lui baiser la main.)

SARAH.
Oh!... devant le roi... que faites-vous!

MAC ALLAN.
C'est juste.

(Elle sort par la porte latérale du premier plan.)

SCÈNE IX

LE ROI, MAC ALLAN, puis CHIFFINCH.

MAC ALLAN.
Sire, je suis à vos ordres.

LE ROI.
Mon cher Dumbiky, vous êtes d'une famille connue pour les services qu'elle a toujours rendus à moi et à mes aïeux... C'est un héritage que cette famille vous a légué, et auquel vous n'avez pas droit de renoncer.

MAC ALLAN.
Que Votre Majesté commande, et elle verra si elle peut compter sur moi.

LE ROI.
Il s'agit d'une mission très-importante et pour laquelle j'ai besoin d'un homme intelligent et dévoué...

MAC ALLAN.
Sire, s'il ne s'agissait que de dévouement, je pourrais promettre à Votre Majesté...

LE ROI.
Vous vous étonnerez peut-être, mon cher Dumbiky, que je m'adresse ainsi à vous tout d'abord..

MAC ALLAN.

Sire, j'avoue que le choix me flatte, mais que je suis encore à me demander ce qui me mérite cet honneur.

LE ROI.

C'est justement parce que vous arrivez à la cour que je vous ai choisi... Vous êtes encore étranger à tous les partis, innocent de toutes brigues, pur de toutes haines...

MAC ALLAN.

Oh! quant à cela, sire!... excepté le duc, que je ne peux pas souffrir...

LE ROI.

Votre départ restera ignoré, et, fût-il su, n'éveillera aucun soupçon, ne fera naître aucune conjecture.

MAC ALLAN.

Je ne crois pas.

LE ROI.

Écoutez, Dumbiky : j'ai des ordres secrets à transmettre au gouverneur de l'Irlande.

MAC ALLAN.

Ah! c'est vrai, au fait, j'ai entendu dire qu'il y avait quelque chose en Irlande.

LE ROI.

L'Irlande se perd, monsieur!

MAC ALLAN.

Bah!

LE ROI.

Vous partirez pour Dublin.

MAC ALLAN.

Je partirai pour Dublin?

LE ROI.

Oui.

MAC ALLAN.

Diable!... et quand cela?...

LE ROI.

Demain.

(Chiffinch entre.)

MAC ALLAN, à part.

Ah! demain, cela m'est égal... Comme c'est demain que ma femme commence son service près de la reine... (Haut.) Eh bien, oui, sire... je partirai demain; et, si Votre Majesté veut bien me donner ses instructions...

LE ROI.
Vous savez de quoi il est question, Chiffinch?
CHIFFINCH.
Il est question de cette grande affaire... dont m'a parlé Sa Majesté.
LE ROI.
Oui, écrivez les instructions.

(Chiffinch se met à la table.)

MAC ALLAN.
Et que ferai-je à Dublin, sire?
LE ROI.
La conduite que vous avez à suivre sera toute tracée dans ces dépêches...

CHIFFINCH, écrivant, à part, pendant que le Roi cause à voix basse avec Mac Allan.

« Monsieur le gouverneur, vous savez la grande passion que Sa Majesté a pour ces petits épagneuls que l'on a nommés, à cause de cela, king's-charles dogs.

LE ROI, à Mac Allan.
Vous sentez, ce sont là de ces affaires qui doivent se faire en dehors du conseil.
MAC ALLAN.
Oui, c'est de la politique personnelle, de la diplomatie particulière.
LE ROI.
A merveille!... je vois que vous comprenez.
MAC ALLAN.
Et sera-t-il nécessaire, sire, que je pénètre dans l'intérieur du pays?
LE ROI.
Non, je ne crois pas.

CHIFFINCH, relisant ce qu'il a écrit, à part.

« Faites tout votre possible pour remettre au porteur une couple de ces charmants animaux, l'un blanc et feu, l'autre noir et blanc... J'ai l'honneur... »

MAC ALLAN.
Votre Majesté ne signe pas la dépêche elle-même?
LE ROI.
Non... vous comprenez... si la dépêche était surprise, je ne veux pas être compromis.

MAC ALLAN.

Peste!... c'est important.

LE ROI, prenant sa bague et scellant.

Mais ce cachet fera foi que vous venez de ma part.

MAC ALLAN.

Ah! Votre Majesté...

CHIFFINCH, remettant la dépêche à Mac Allan.

Laird de Dumbiky, veillez sur cette dépêche avec le plus grand soin.

MAC ALLAN.

Elle ne me quittera pas un seul instant, monsieur.

CHIFFINCH.

Vous ne vous doutez pas de ce qu'elle contient.

MAC ALLAN.

Et le saurai-je?

CHIFFINCH.

C'est selon... La réponse du gouverneur sera peut-être symbolique.

MAC ALLAN.

Oui, comme celle de Tarquin... qui abattait avec sa badine des têtes de pavot.

CHIFFINCH.

Justement!... mais, de vous à moi, vous êtes chargé de sauver l'Irlande... tout bonnement...

MAC ALLAN.

Vrai?...

CHIFFINCH.

Pas d'indiscrétion... Je vous en dis plus que je ne devrais vous en dire...

LE ROI.

Nous allons vous voir, je l'espère, au cercle de la reine?

MAC ALLAN.

Dans un instant, sire, j'aurai l'honneur de m'y rendre.

LE ROI.

Au revoir, laird de Dumbiky... Soyez noble et fidèle comme l'ont été vos aïeux... et vous serez récompensé selon vos mérites.

MAC ALLAN.

Sire...

(Il s'incline. Le Roi sort.)

SCÈNE X

MAC ALLAN, CHIFFINCH.

MAC ALLAN.

Sauver l'Irlande, mon cher monsieur Chiffinch!...

CHIFFINCH.

Chaque homme a sa mission... C'est la vôtre, jeune homme...

MAC ALLAN.

Me confier du premier coup une mission de cette importance... Je n'en reviens pas.

CHIFFINCH.

Le fait est que l'honneur est grand... Mais il va être neuf heures, ne l'oubliez pas.

MAC ALLAN.

C'est juste... Je vais voir si la toilette de lady Dumbiky s'avance. (Il frappe à la porte.) Tiens, on ne répond pas.

CHIFFINCH.

Frappez plus fort.

MAC ALLAN.

Sarah! ma chère amie, êtes-vous prête?

CHIFFINCH.

Ouvrez la porte... Un mari peut bien entrer chez sa femme.

MAC ALLAN.

Ma chère Sarah... Plus personne!... Savez-vous ce que peut être devenue ma femme?...

CHIFFINCH.

Milord duc sera venu la prendre pour la présentation, et, comme elle vous savait avec le roi, elle n'aura pas voulu vous déranger...

MAC ALLAN.

C'est probable... Mais, moi, comment vais-je me rendre au château?

CHIFFINCH.

Je vous conduirai.

MAC ALLAN.

Ah! très-bien alors... Dites-moi, le chemin le plus court pour aller en Irlande, quel est-il?

CHIFFINCH.

Ah! mon Dieu, c'est bien simple : vous passez par Bambury,

Warwich, Birmingham, et, en arrivant à Chester, vous trouvez un bâtiment qui vous conduit droit à Dublin.

MAC ALLAN.

Droit à Dublin... Bon ! et, une fois-là...?

CHIFFINCH.

Vous vous présentez chez le gouverneur et vous lui remettez vos dépêches, voilà tout.

MAC ALLAN.

Tout cela me paraît on ne peut plus facile.

UN VALET, apportant un ordre tout ouvert à Chiffinch.

De la part de Sa Majesté...

CHIFFINCH.

Bien.

MAC ALLAN.

Maintenant, quand vous voudrez...

CHIFFINCH, qui a jeté les yeux sur le papier.

Ah ! mon Dieu !

MAC ALLAN.

Quoi ?...

CHIFFINCH.

Voilà bien autre chose !

MAC ALLAN.

Qu'y a-t-il ?

CHIFFINCH.

Il paraît que les affaires s'embrouillent affreusement.

MAC ALLAN.

Où cela ?

CHIFFINCH.

En Irlande.

MAC ALLAN.

Bah !

CHIFFINCH.

Le roi me mande qu'un courrier extraordinaire arrive à l'instant même.

MAC ALLAN.

Un courrier ?

CHIFFINCH.

Ce n'est plus demain qu'il faut partir.

MAC ALLAN.

Et quand donc ?

CHIFFINCH.
C'est cette nuit, ce soir, à la minute même.
MAC ALLAN.
Un instant, un instant, monsieur Chiffinch, cela se complique.
CHIFFINCH.
Hésiteriez-vous ?
MAC ALLAN.
Je n'hésite pas ; mais...
CHIFFINCH.
Quand le roi vous a cru digne de sa confiance...
MAC ALLAN.
Je le suis toujours.
CHIFFINCH.
Quand Sa Majesté comptait sur votre dévouement...
MAC ALLAN.
Elle y peut compter encore... Mais... si je ne partais que demain?
CHIFFINCH.
Impossible.
MAC ALLAN.
De très-bonne heure... au point du jour, par exemple.
CHIFFINCH.
En partant à l'instant même, je ne sais pas si vous arriverez à temps.
MAC ALLAN.
Comment ! l'Irlande est si pressée que cela?
CHIFFINCH.
Une heure de retard et tout est perdu, peut-être.
MAC ALLAN.
Alors, c'est autre chose... Mais comment faire?... Je n'ai ni chevaux ni voiture, moi... et je ne puis aller à pied en Irlande... d'autant plus qu'il y a un bras de mer...
CHIFFINCH.
Dans cinq minutes, tout sera prêt... Surtout ne bougez pas d'ici... je viens vous y rejoindre...

(Il sort.)

SCÈNE XI

MAC ALLAN, seul.

Si seulement j'avais pu la revoir un petit instant!... mais c'est impossible... Il paraît que l'Irlande ne peut pas attendre... Voyons, mon manteau, mon chapeau, mes armes.

SCÈNE XII

MAC ALLAN, NELLY, qui est entrée par la porte secrète.

NELLY, l'arrêtant au moment où il va sortir.

Où allez-vous donc?

MAC ALLAN.

Ah! c'est vous, Nelly!

NELLY.

Oui, c'est moi.

MAC ALLAN.

Enchanté de vous voir... Mais, si vous avez quelque chose à me dire,... dites vite...

NELLY.

Pourquoi cela?

MAC ALLAN.

Parce que je pars.

NELLY.

Vous partez?

MAC ALLAN.

Dans cinq minutes.

NELLY.

Ah! je comprends.

MAC ALLAN.

Vous comprenez?

NELLY.

Oui...

MAC ALLAN.

Vous êtes bien heureuse, alors...

NELLY.

Ne m'avez-vous pas tout dit?

MAC ALLAN.

Moi?

NELLY.

Oui... que vous faisiez un mariage de convenance.

MAC ALLAN.

Au contraire.

NELLY.

Que vous n'aimiez pas la femme que vous alliez épouser.

MAC ALLAN.

Au contraire.

NELLY.

Et que, comme vous en aimiez une autre, peu vous importait...

MAC ALLAN,

Mais au contraire!... au contraire!... C'était la même, Nelly!... un coup du sort... C'était Sarah Duncan... Je l'aime, je l'adore, ma femme... c'est-à-dire que j'en suis amoureux fou.

NELLY.

Et, aimant votre femme, adorant votre femme, amoureux fou de votre femme, vous la quittez comme cela... le soir de votre mariage ?

MAC ALLAN.

Il le faut, Nelly.

NELLY.

Il le faut?

MAC ALLAN.

Les circonstances les plus graves...

NELLY.

Et quelles circonstances ?

MAC ALLAN.

Il faut que, dans trois jours, je sois à Dublin.

NELLY.

A Dublin? et qu'allez-vous faire à Dublin ?

MAC ALLAN, mystérieusement.

L'Irlande se perd, Nelly.

NELLY.

En vérité ?...

MAC ALLAN.

Mon oncle a sauvé l'Écosse, Nelly... Moi, je vais sauver l'Irlande... et, si jamais j'ai un fils, il est probable qu'il sauvera l'Angleterre.

NELLY, souriant.

Dumbiky !

MAC ALLAN.

Hein?

NELLY.

Avez-vous toujours confiance en moi?

MAC ALLAN.

Vous le demandez... quand je vous ai obéi aveuglément.

NELLY.

Eh bien, il faut m'obéir encore.

MAC ALLAN

Je ne demande pas mieux.

NELLY.

Quand partez-vous?

MAC ALLAN.

A l'instant même.

NELLY.

Quelle route prenez-vous?

MAC ALLAN.

Celle de Bambury.

NELLY.

A merveille.

MAC ALLAN.

Cela vous va, alors?

NELLY.

Oui.

MAC ALLAN.

Tant mieux !

NELLY.

A trois milles d'ici, vous vous arrêterez...

MAC ALLAN.

Ah ! oui, mais c'est que cela m'est expressément défendu, de m'arrêter.

NELLY.

Dumbiky, vous avez promis de m'obéir.

MAC ALLAN.

Et l'Irlande... l'Irlande...

NELLY.

L'Irlande attendra.

MAC ALLAN.

Mais justement... il paraît qu'elle ne peut pas attendre.

NELLY.

Soyez tranquille : je réponds d'elle.

MAC ALLAN.

Alors, c'est autre chose... Où dois-je m'arrêter ?

NELLY.

A Carlton cottage.

MAC ALLAN.

Et que ferai-je là ?

NELLY.

Vous y attendrez quelqu'un que vous serez bien aise de voir.

MAC ALLAN.

Et cette personne, quelle est-elle ?

NELLY.

Je ne puis vous la nommer ; car, avec le caractère que je vous connais, mon cher Dumbiky, vous feriez quelque sottise... Mais, si j'ai un conseil à vous donner...

MAC ALLAN.

C'est ?...

NELLY.

C'est... dès que cette personne sera descendue de sa voiture, de la faire monter dans la vôtre et de l'emmener avec vous.

MAC ALLAN.

A Dublin ?

NELLY.

Au bout du monde, si vous y allez.

MAC ALLAN.

Nelly, vous parlez comme les sorcières de *Macbeth*.

NELLY.

Vous savez que c'est mon habitude.

MAC ALLAN.

N'importe, j'ai confiance en vous, et je ferai ce que vous dites.

NELLY.

Vous me le promettez ?

MAC ALLAN.

Sur mon honneur.

NELLY.

C'est bien. (Écoutant.) Quelqu'un !

MAC ALLAN.
C'est Chiffinch qui vient me chercher.
NELLY.
Silence! il ne faut pas qu'il me voie.
MAC ALLAN.
Bien!
NELLY.
Il ne faut pas qu'il sache que vous m'avez vue.
MAC ALLAN.
Non.
NELLY.
A Carlton cottage?
MAC ALLAN.
A Carlton cottage.
NELLY.
Chut! le voilà.

(Elle s'élance dans la chambre à droite.)

SCÈNE XIII

CHIFFINCH, MAC ALLAN, NELLY, cachée.

MAC ALLAN.
Si je comprends quelque chose à tout cela, je veux bien que le diable m'emporte, par exemple!
CHIFFINCH, entrant.
Êtes-vous prêt?
MAC ALLAN
Oui... La voiture?...
CHIFFINCH.
Elle attend.
MAC ALLAN.
Tout attelée?
CHIFFINCH.
Le postillon est en selle.
MAC ALLAN.
Puis-je écrire à ma femme?
CHIFFINCH.
Ah bien, oui!...
MAC ALLAN.
Un tout petit mot.

CHIFFINCH.

Inutile.

MAC ALLAN.

Mais elle sera inquiète.

CHIFFINCH.

On la préviendra.

MAC ALLAN.

Qui?

CHIFFINCH.

Moi.

MAC ALLAN.

Vous?

CHIFFINCH.

Oui... je m'en charge.

MAC ALLAN.

Vous lui direz bien, n'est-ce pas?...

CHIFFINCH.

Certainement.

MAC ALLAN.

Que je ne serais pas parti...

CHIFFINCH.

Ne vous inquiétez de rien.

MAC ALLAN.

S'il n'y avait pas eu urgence...

CHIFFINCH.

Sans doute.

MAC ALLAN.

Au revoir, monsieur Chiffinch!

CHIFFINCH.

Je vous accompagne jusqu'à la voiture.

MAC ALLAN.

Vous êtes trop bon.

CHIFFINCH.

Non, je veux vous voir partir.

MAC ALLAN.

Allons... en Irlande!

(Il sort.)

CHIFFINCH.

En Irlande!

(Il éteint les flambeaux; puis il sort.)

7.

NELLY, reparaissant.

Et maintenant, sire... à nous deux !

ACTE CINQUIÈME

Même décoration.

SCÈNE PREMIÈRE

LE ROI, puis NELLY.

Le Roi ferme la porte du fond et s'avance dans l'obscurité.

LE ROI.

Bien ! tout est ainsi que Chiffinch me l'a dit : obscurité complète. Sarah ! Sarah !

(Il frappe à la porte de la chambre de Sarah.)

NELLY.

Qui frappe ?

LE ROI.

Moi, Dumbiky ! Ouvrez, Sarah !

NELLY.

Me voici.

LE ROI.

Déjà de retour du château ?

NELLY.

La présentation n'a duré qu'un instant... Sans doute, des ordres avaient été donnés pour l'abréger.

LE ROI.

Bénis soient ces ordres qui rapprochent l'instant de mon bonheur, qui fait envie à toute la cour !

NELLY.

Envie à toute la cour ? Allons, décidément, Dumbiky, vous êtes amoureux, puisque vous me dites sérieusement de pareilles folies.

LE ROI.

Non, d'honneur ! depuis qu'il vous a vue, Buckingham en perd la tête, et le roi Charles II en devient fou.

NELLY.
Comment!... et vous dites que le roi...?
LE ROI.
Est amoureux comme il ne l'a jamais été, Sarah! Je dis qu'il serait prêt à tout sacrifier pour vous. Je dis qu'il ne tient qu'à vous d'être reine!... plus reine qu'Isabelle; car elle ne règne que sur le royaume, et vous, vous régnez sur le roi.

NELLY.
Mais vous n'êtes donc pas Dumbiky?
LE ROI.
Écoutez-moi, Sarah, et pardonnez-moi ma hardiesse en songeant que c'était le seul moyen de pénétrer jusqu'à vous, de vous dire combien je vous aime. J'avais d'abord eu l'intention de profiter de l'obscurité; mais, au moment d'exécuter mon projet, la honte m'a pris de réussir par un pareil moyen, et je me suis dit que le roi Charles II méritait peut-être d'être aimé pour lui-même, et conservait encore quelques chances en se présentant sous son véritable nom.

NELLY.
Eh bien, c'est comme moi, sire! Peut-être aurais-je pu, moi aussi, profitant de l'obscurité, détourner cet amour de son véritable but, et prendre pour moi les protestations adressées à une rivale; mais j'ai pensé, sire, que je valais bien la peine d'être aimée pour moi-même, et que, si le roi Charles II n'était point fait pour être larron d'amour... Nelly était encore trop jeune et trop jolie pour recevoir un hommage dont elle ne serait pas l'objet.

LE ROI.
Nelly!... Vous, Nelly?... Impossible!
NELLY, sonnant.
Vous en doutez, sire?
LE ROI.
Que faites-vous?
NELLY, à un Valet qui entre.
Des flambeaux!
LE ROI.
Nelly! Je suis joué.
NELLY.
Voilà ce que c'est, sire, que d'avoir eu l'imprudence de prendre pour maîtresse une comédienne.

LE ROI.

Mais dans quel but, dans quelle intention vous êtes-vous substituée à cette jeune fille?

NELLY.

Sire, pour donner le temps à Buckingham de l'enlever.

LE ROI.

Comment, de l'enlever?... Buckingham enlève Sarah?

NELLY.

Oui, sire. Comment! vous qui connaissez la hardiesse du duc, vous le chargez, quand vous savez qu'il est votre rival, de ramener le soir, à neuf heures, du château ici, la femme que vous aimez?... Ah! sire, je ne reconnais pas là votre prudence habituelle.

LE ROI.

Et où sont-ils? où la conduit-il?...

NELLY.

Ils sont maintenant sur la route de Carlton cottage, où ils seront arrivés dans un quart d'heure.

LE ROI.

Mais c'est un rapt... une violence... Je ne permettrai pas une pareille infamie à ma cour, sous mes yeux, et presque en ma présence.

(Il fait un mouvement pour sortir.)

NELLY.

Où allez-vous, sire?

LE ROI.

Je vais faire monter à cheval mes gardes, mes trabans, et ordonner que l'on coure après lui jusqu'à ce qu'on le rattrape.

NELLY.

Inutile, sire.

LE ROI.

Inutile?

NELLY.

Oh! mon Dieu, oui. Buckingham a enlevé Sarah à Votre Majesté; mais Dumbiky va l'enlever à Buckingham.

LE ROI.

Dumbiky?... Dumbiky est sur la route de Dublin!

NELLY.

Et Carlton cottage aussi, sire; c'est là que Dumbiky doit attendre Buckingham... et, comme, à tout prendre, Dumbiky a sur Sarah des droits que, je l'espère, le duc ne lui contestera pas, toutes choses rentreront dans leur état habituel. Votre Majesté se consolera, le duc reviendra tout consolé, et Dumbiky, qui, Dieu merci, n'aura pas besoin de consolations, continuera, avec sa femme, sa route vers l'Irlande.

LE ROI.

Ainsi, Dumbiky et Sarah...?

NELLY.

Courent la poste, réunis et heureux, et bénissant Votre Majesté pour tous les bienfaits dont elle les a comblés. Quant à moi, je n'ai que des remercîments à faire à Votre Majesté; je n'oublierai jamais que Dumbiky était mon protégé, et qu'à cette considération sans doute, le roi lui a rendu les biens de sa famille, a payé ses dettes, l'a marié à une femme charmante, et, pour comble de bontés, lui a donné, à lui, jeune, étranger encore à la diplomatie, une importante mission en Irlande. Que Sa Majesté reçoive donc ici mes actions de grâces, et qu'elle me croie sa toute fidèle et reconnaissante Nelly.

(Elle salue profondément et sort par la porte du fond.)

SCÈNE II

LE ROI, seul.

Joué! indignement joué!... Ah! Buckingham, vous êtes le seul sur lequel je puisse me venger; cette fois, vous me payerez votre impudence. Ah! c'est toi, Chiffinch!

SCÈNE III

LE ROI, CHIFFINCH.

CHIFFINCH.

Oui, sire.

LE ROI.

Sais-tu ce qui se passe?

CHIFFINCH.

On me dit que Votre Majesté a sonné pour demander des flambeaux, et que c'est Nelly qui vient de sortir de cette chambre.

LE ROI.

Comprends-tu quelque chose à toute cette machination,

Chiffinch? C'est à croire que le démon de l'intrigue en personne a pris le contre-pied de tout ce que nous avons fait: je trouve ici Nelly, quand je croyais y trouver Sarah; pendant ce temps, Buckingham m'enlève lady Dumbiky... Chiffinch, donne l'ordre qu'aussitôt qu'il rentrera au château, le duc vienne me parler.

CHIFFINCH.

Votre Majesté n'attendra pas longtemps; j'entends une voiture, c'est sans doute la sienne.

LE ROI.

Assurez-vous-en.

CHIFFINCH, ouvrant la fenêtre.

Je ne me trompais pas, sire: c'est bien la voiture de milord.

LE ROI.

Ah! le voilà enfin!

MAC ALLAN, dans la coulisse.

Le roi? où est le roi? Je vous dis que je veux parler à Sa Majesté.

LE ROI.

Dumbiky!

SCÈNE IV

Les Mêmes, MAC ALLAN, SARAH

MAC ALLAN, entrant.

Le roi!... Ah! vous voilà, sire.

LE ROI.

Que me voulez-vous, laird de Dumbiky? et pourquoi n'êtes-vous pas sur la route d'Irlande?

MAC ALLAN.

J'y étais, sire, et même fort mal à mon aise, attendu que, sous le prétexte spécieux qu'il n'y voyait pas clair, le postillon m'avait versé dans un fossé. J'étais donc là, me promenant sur la route en attendant que la voiture fût sur ses roues, quand tout à coup un carrosse s'approche, duquel sortait une voix qui criait: « Au secours!... » Il me semble reconnaître cette voix; je m'élance, j'arrête les chevaux, j'ouvre la portière; un homme saute sur le pavé, met l'épée à la main, j'en fais autant; nous croisons le fer... Je lui allonge une botte... je ne sais pas où, mais bien appliquée... Je lui laisse ma voiture, je monte dans la sienne ; j'y retrouve Sarah et sa tante, qui me racontent qu'on les enlevait ; que cet homme auquel j'ai donné un coup d'épée est le duc de Buckingham. Un instant, j'ai l'idée de continuer ma route ; mais je pense que milord peut faire courir après nous, et nous rejoindre ; je prends aussitôt ma résolution ; je me rappelle Votre Majesté si bonne pour moi, et, pour concilier mes craintes avec mon devoir, je fais tourner bride aux postillons ; je reviens au grand galop à Windsor, et je repars pour l'Irlande.

LE ROI.

Comment, belle Sarah ! on osait porter la main sur vous, sur une femme attachée à la reine, sur une jeune-fille placée sous ma sauve-garde ?... Ah ! celui qui a eu une telle audace sera puni, je vous jure.

SARAH.

Oh ! sire !...

MAC ALLAN.

Ah ! le bon, l'excellent roi ! Adieu, sire, je pars. Au revoir, Sarah.

LE ROI.

Nous nous retirons avec vous, laird de Dumbiky. Bonne nuit, belle Sarah ! après tant d'émotions, vous devez avoir besoin de repos.

SARAH.

Sire, mille grâces à Votre Majesté de toutes ses attentions.

LE ROI.

J'en suis récompensé si vous voulez bien vous en apercevoir. Venez, messieurs... venez.

CHIFFINCH, à Mac Allan

Mon ami, l'Irlande, vous savez...

SARAH.

Mais, monsieur Chiffinch...

CHIFFINCH.

Je suis à vous, madame ; à l'instant, je reviens...

SCÈNE V

SARAH, seule.

Oh ! oui, j'ai besoin d'être seule pour songer librement a tout ce qui m'arrive, pour mettre un peu d'ordre dans mes idées. O mon Dieu! c'est votre main puissante qui a conduit tout cela ; c'est elle qui m'a prise à cause des mérites de ma mère, sans doute, pauvre enfant sans fortune pour me conduire où je suis, pour m'élever où me voilà ; c'est vous, Seigneur, qui, à travers les dangers d'un amour terrible comme est celui de Buckingham, avez fait de moi une femme heureuse et honorée. Cher Dumbiky! comme il est loyal! comme il est brave! comme il aime!... et ne pas avoir pu le voir un seul instant pour lui dire combien sa Sarah est reconnaissante à celui qui l'a sauvée... sauvée, mon Dieu, car maintenant, grâce à vous et à lui, je suis sauvée, n'est-ce pas?

SCÈNE VI

SARAH, NELLY.

NELLY, qui est entrée par la petite porte et qui s'est rapprochée doucement de Sarah.

Vous êtes perdue!

SARAH.

Grand Dieu! qui êtes-vous?

NELLY.

Que vous importe, si je viens à votre aide?

SARAH.

Quelques dangers nouveaux et inconnus me poursuivent donc encore?

NELLY.

Le plus grand de tous.

SARAH.

Sous la protection du roi?

NELLY.

Le roi vous aime.

SARAH.

Grand Dieu!... En effet, ces attentions continuelles...

NELLY.

Ce logement dans ce pavillon...

SARAH.

Ces diamants...

NELLY.

Cette mission à votre mari...

SARAH.

Tout, jusqu'à sa colère contre le duc... Oh! vous avez raison, madame, vous avez raison; mais pourquoi n'avez-vous pas tout dit à Dumbiky?

NELLY.

Parce qu'avec sa tête écossaise, il allait droit au roi comme il a été droit au duc, et qu'alors tout était perdu.

SARAH.

Oh! mon Dieu! que faire? Fuir, n'est-ce pas?

NELLY.

Où fuirez-vous? L'Angleterre tout entière, n'est-elle pas au roi?

SARAH.

Je m'enfermerai dans cette chambre.

NELLY.

Puis, tout à coup, quelque porte secrète s'ouvrira.

SARAH.

Vous m'épouvantez! Mon Dieu! mon Dieu! que devenir? Pouvez-vous me sauver, vous?

NELLY.

Peut-être.

SARAH.

Oh! dites, dites, et tout ce que vous prescrirez sera fait.

NELLY.

Écoutez bien.

SARAH.

J'écoute.

NELLY.

Rentrez dans cette chambre.

SARAH.

A l'instant.

NELLY

Sur le fauteuil qui est près de la cheminée, vous trouverez une écharpe turque, rouge et or.

SARAH.

Après?

NELLY.

Enveloppez-vous de cette écharpe, et ne la quittez pas.

SARAH.

Et cette écharpe peut me sauver?

NELLY.

Oui.

SARAH

C'est donc un talisman?

NELLY.

Infaillible! si, comme je vous le dis, vous ne la quittez pas un seul instant.

SARAH.

Cependant expliquez-moi.

NELLY.

En deux mots, vous allez comprendre: tout le monde ici a une peur effroyable de la peste; avant d'entrer ici, j'ai écrit à Chiffinch... Silence!

(Elle écoute.)

SARAH.

uoi?

NELLY.

Quelqu'un dans ce corridor.

SARAH.

Mon Dieu! c'est M. Chiffinch; il m'a dit qu'il allait revenir.

NELLY.

Rentrez dans votre chambre, et sans perdre un instant.

SARAH.

Oui; mais M. Chiffinch! que faire? que faire?...

NELLY.

Je suis là, je veille... Allez! l'echarpe, l'écharpe! et le reste me regarde.

(Sarah rentre dans la chambre. Nelly disparaît par la porte secrète. La porte du fond s'ouvre, et Chiffinch entre.)

SCÈNE VII

CHIFFINCH, puis SARAH.

CHIFFINCH.

Eh bien, déjà rentrée chez elle, malgré ma recommandation?... (Sarah reparaît avec l'écharpe.) Ah! non... la voici...

SARAH.

Vous aviez quelque chose à me dire, monsieur Chiffinch?

CHIFFINCH.

Je viens de la part de votre mari, belle Sarah.

SARAH.

De la part de Dumbiky?

CHIFFINCH.

Oui, je viens vous dire qu'en son absence, il vous recommande la plus grande circonspection... Une jeune et jolie femme comme vous est entourée de mille dangers.

SARAH.

Oh! je le sais...

CHIFFINCH.

Il vous recommande de vous défier de tout le monde... Il me charge de vous dire que vous n'avez ici qu'un seul ami... bien réel, bien sincère, bien dévoué...

SARAH.

Lequel?...

CHIFFINCH

Le roi!

SARAH.

Le roi ?

CHIFFINCH

Oui; ayez donc confiance en lui... conduisez-vous par ses conseils... c'est ce que désire votre mari, qui vous a donné l'exemple en vous ramenant lui-même près de Sa Majesté.

SARAH.

Mais Sa Majesté...?

CHIFFINCH.

Elle-même va venir, milady; elle-même se charge de lever tous vos doutes... s'il vous en restait encore

SARAH, à part.

Le roi va venir!... que faire?...

CHIFFINCH, à un Valet qui entre

Que venez-vous faire ici? que voulez-vous ?

LE VALET.

Cette lettre.

(Il la remet à Chiffinch et sort.)

CHIFFINCH.

Eh bien, cette lettre?... Vous permettez, milady?

SARAH.

Comment donc!... (A part.) Cette lettre viendrait-elle...?

CHIFFINCH, jetant les yeux sur le papier.

« Lisez, si vous voulez éviter de grands malheurs. S'il en est temps encore, sauvez Sa Majesté. Une écharpe, achetée sur le vaisseau pestiféré *le Plymouth*, a été envoyée à Sarah... Vous la reconnaîtrez à sa couleur rouge et à ses broderies d'or. » (Tombant dans un fauteuil.) Ah! mon Dieu!

SARAH.

Une écharpe?

CHIFFINCH.

Oh! la malheureuse! elle l'a sur ses épaules.

SARAH.

Mon Dieu, monsieur Chiffinch, est-ce que vous vous trouvez mal?... Monsieur Chiffinch!

CHIFFINCH.

Ne m'approchez pas!... Cette écharpe... Miséricorde!... (Il se sauve et aperçoit le Roi, qui est au fond, dans la seconde salle.) Sire, sire, n'entrez pas!... n'entrez pas!...

(Il se jette au-devant du Roi et referme les portes.)

SCÈNE VIII

SARAH, seule.

Eh bien, il s'enfuit? Cette dame avait raison... l'écharpe qu'elle m'a donnée est un véritable talisman... Ah! mon Dieu! mais, si quelque ennemie, quelque rivale... Cette inconnue ne m'a-t-elle pas dit que le roi m'aimait? si pour se venger...? Ah! (Elle jette l'écharpe et court à la porte.) Ah! mon Dieu! fermée! (Elle court à une autre porte.) Fermée! (A une troisième.) Fermée aussi! Ah! cette fenêtre! (Elle y court.) Quelqu'un! qui êtes-vous?...

SCÈNE IX

SARAH, MAC ALLAN.

MAC ALLAN, à demi-voix.

Chut! c'est moi, Sarah; pas un mot. Ma foi, l'Irlande attendra une heure; la première fois que je la verrai, je lui ferai mes excuses.

SARAH.

Vous! vous!

MAC ALLAN.

Oui, moi; j'ai fait faire le tour du parc à la voiture, j'ai sauté par-dessus le mur, et me voilà! Tu n'as donc pas vu tous les signes que je t'ai faits en te quittant? Cela voulait dire : « Ma petite Sarah, renvoie-moi tous ces gens-là, et, dans un quart d'heure... »

SARAH.

Éloignez-vous, Dumbiky, ne m'approchez pas, au nom du ciel!

MAC ALLAN.

Que je ne vous approche pas? Je suis revenu, au contraire...

SARAH.

Oh! c'est que vous ne savez pas! (Lui montrant l'écharpe.) Cette écharpe, voyez cette écharpe...

MAC ALLAN.

Eh bien?

SARAH.

Elle vient du vaisseau *le Plymouth;* cette écharpe m'a touchée, je l'ai mise sur mes épaules, je suis perdue... Fuyez! fuyez!

MAC ALLAN.

Moi, fuir! que dis-tu donc là?

SARAH.

Oui, faites comme les autres. Voyez, ils ont fui tous, ils m'ont abandonnée, ils m'ont laissée seule; et, lorsque j'ai voulu appeler du secours, toutes les portes se sont fermées sur moi.

MAC ALLAN.

C'est cela! et voilà l'idée que Sarah Duncan a de son mari? Parce que ces courtisans sont des lâches et des misérables... Dumbiky sera un lâche et un misérable comme eux? Viens, ma petite Sarah, viens! (Il l'entraîne de force et la presse contre son cœur). Il fallait une circonstance comme celle-là pour que je te trouvasse seule. Ah! ils ont peur de la peste? Eh bien, je bénis la peste, moi; grâce à elle, je puis enfin m'approcher de toi, t'embrasser tout à mon aise. (Il l'embrasse.) Ah! ma foi, ça n'est pas sans peine!

SCÈNE X

Les Mêmes, NELLY, qui a paru sur les dernières paroles de Dumbiky.

NELLY.

Très-bien, Dumbiky, et voilà ce que je voulais.

MAC ALLAN.

Nelly!

SARAH, effrayée.

Nelly! mais savez-vous que c'est elle....

MAC ALLAN.

Elle!

SARAH.

Oui, elle qui m'a donné cette écharpe fatale

MAC ALLAN.

Vous, Nelly, vous?

NELLY.

Il est vrai, c'est moi qui ai donné cette écharpe à milady, et je vois avec regret qu'elle tient en bien médiocre estime le présent que je lui ai fait.

MAC ALLAN.

Vous osez l'avouer! mais cette écharpe...

NELLY.

Est celle avec laquelle je joue Desdemona; je vous l'avais offerte, vous n'en avez pas voulu, je la reprends.

(Elle noue l'écharpe autour de son cou.)

SARAH.

Mais ce tissu, il n'est donc point...?

NELLY.

Je vous avais dit que c'était un talisman infaillible. Vous a-t-il trahie dans l'occasion?

SARAH.

Oh! je comprends, madame; pardon, pardon!...

MAC ALLAN.

C'est drôle, moi, je ne comprends plus.

NELLY.

On vient.

MAC ALLAN, effrayé.

Oh! si c'était le roi!

NELLY, froidement.

C'est lui certainement.

MAC ALLAN.

Dans ce cas, je me sauve, je me cache.

NELLY.

Au contraire, restez.

MAC ALLAN.

Mais il me croit parti.

NELLY.

Il sait que vous êtes revenu.

MAC ALLAN.

Alors, il va être furieux!

NELLY.

Non, si vous faites ce que je vous dirai de faire.

MAC ALLAN.

Je ferai tout ce que vous voudrez.

NELLY.

Silence! le voici.

UN HUISSIER, annonçant.

Le roi!

SCÈNE XI

Les Mêmes, LE ROI, CHIFFINCH.

LE ROI, à Sarah.

Pardon, milady, si je vous dérange encore, mais c'est pour la dernière fois. D'ailleurs, j'ai pensé que votre mari serait inquiet si je ne répondais pas à sa lettre, et que cette inquiétude troublerait son bonheur.

MAC ALLAN, intrigué.

A ma lettre, sire?

LE ROI.

Sans doute; n'est-ce pas vous qui venez de m'envoyer cette lettre?

MAC ALLAN.

Y aurait-il de l'indiscrétion, sire, à vous demander...?

LE ROI, lui donnant la lettre.

Voyez!

MAC ALLAN, lisant avec un étonnement croissant.

« Je viens supplier Votre Majesté de me pardonner si je ne suis pas reparti à l'instant même pour l'Irlande, mais le désir de revoir Sarah m'a ramené à Windsor, où, grâce au faux bruit qui s'est répandu, j'ai enfin eu le bonheur de rester une demi-heure en tête-à-tête avec *ma femme.* »

LE ROI, souriant.

Ma femme souligné.

MAC ALLAN.

Oui, sire; c'est, ma foi, vrai, ma femme est souligné. (Il

continue.) « J'attends près d'elle, sire, le pardon ou le châtiment de ma désobéissance.

» Je suis avec respect, etc. »

LE ROI.

Eh bien, reconnaissez-vous cette lettre?

MAC ALLAN.

Sire...

NELLY, bas.

Dites que vous la reconnaissez.

MAC ALLAN.

Sire, je suis forcé d'avouer que je la reconnais

LE ROI.

Votre franchise est rare, Dumbiky; vous pouviez me laisser ignorer que vous étiez revenu, et vous me l'avez écrit, c'est bien; mais, quant à celui qui a envoyé la lettre anonyme que Chiffinch a reçue, quant à celui-là, si jamais je puis le découvrir, il payera cher, je vous en réponds, l'audace qu'il a eue de plaisanter avec son roi.

NELLY, bas.

Dites que c'est vous.

MAC ALLAN, bas, à Nelly.

Comment, que je dise que c'est moi? est-ce que vous n'entendez pas?

LE ROI.

Nous lui apprendrons, s'il l'ignore, dans quel but a été bâtie la tour de Londres.

NELLY, bas.

Dites que c'est vous.

MAC ALLAN.

Sire, je ne sais comment avouer à Votre Majesté...

LE ROI.

Comment! ce serait vous encore?

MAC ALLAN.

Eh bien, oui, sire, c'est moi.

LE ROI.

Mais, au moins, lorsque vous avez écrit cette lettre anonyme, vous étiez dans la conviction que l'écharpe était empoisonnée?

NELLY, bas.

Dites que vous saviez qu'elle ne l'était pas.

MAC ALLAN, avec son sourire le plus fin.

Pardon, sire, mais je savais parfaitement qu'elle ne l'était pas.

LE ROI.

Alors, c'était tout simplement pour...?

NELLY, bas.

Dites que oui.

MAC ALLAN.

Oui, sire, c'était tout simplement pour..

LE ROI, à Chiffinch.

Chiffinch, ce garçon-là, avec son air naïf, nous a joués tous, toi, Buckingham et moi.

MAC ALLAN, bas, à Nelly.

Ils se consultent, Nelly; je suis un homme perdu!

LE ROI, bas, à Chiffinch.

Il n'a pas craint d'arracher sa femme aux mains de Buckingham; mais, redoutant le pouvoir du duc, il l'a remise en notre pouvoir; puis, soupçonnant que Sarah courait ici un danger plus grand encore, il a imaginé la ruse la plus infernale.

CHIFFINCH.

Je reste confondu, sire! j'ai vu peu de diplomates de sa force.

LE ROI.

Il est d'autant plus dangereux qu'il cache une merveilleuse finesse sous la plus grande simplicité.

CHIFFINCH.

Si l'Angleterre avait à l'étranger des ambassadeurs comme celui-là! Quel homme!

LE ROI.

Pardieu!... Eh! mais, tu m'y fais penser! nous cherchions un envoyé habile à diriger vers la cour de France, voilà notre homme tout trouvé. (Haut.) Laird de Dumbiky, vous vous rendrez demain dans mon cabinet pour y recevoir mes instructions.

MAC ALLAN.

Je ne pars donc plus pour l'Irlande, sire?

LE ROI.

Non, vous allez en France.

NELLY, bas

Remerciez le roi.

MAC ALLAN.

Croyez, sire, qu'une pareille faveur...

L'HUISSIER, annonçant.

Sa Grâce, milord duc de Buckingham.

SCÈNE XII

Les Mêmes, LE DUC.

LE DUC, le bras droit en écharpe.

Votre Majesté m'a fait dire de la venir joindre ce soir partout où elle serait, et je m'empresse de me rendre à ses ordres.

LE ROI.

Venez, milord; ce n'est ici ni l'heure ni le moment de vous faire des reproches; aussi, je vous les épargne.

LE DUC.

Je comprends; Votre Majesté ne veut pas abuser de sa position de protecteur de l'innocence; c'est très-modeste de sa part, et le lieu même où je la trouve...

LE ROI.

Silence, milord! je vous l'ordonne.

LE DUC.

Je me tais, sire.

LE ROI.

Ce n'est pas tout; vos terres sont mal administrées, duc, et elles réclament votre présence. Demain, vous partirez.

LE DUC.

Pour laquelle, sire?

LE ROI.

Pour la plus éloignée de Londres, et vous y resterez jusqu'à ce que vous receviez un avis qui vous rappelle à la cour.

LE DUC.

Sire, malgré la sévérité de cet ordre, je m'y conformerai.

MAC ALLAN, à Buckingham.

Écoutez, milord : je vous ai donné un coup d'épée, je trouve donc que nous sommes quittes. Laissez-moi arranger votre affaire. (Il prend la place du Duc.) Sire, il me semble que la décision de Votre Majesté...

LE ROI.

Est juste, monsieur; vous le savez mieux que personne.

MAC ALLAN.

Oui; mais, aux yeux de la cour... On pourrait colorer cet exil, adoucir cette disgrâce... Par exemple, sire, puisque vous n'avez pas besoin de moi à Dublin...

LE ROI.

Eh bien?

MAC ALLAN.

On pourrait envoyer milord sauver l'Irlande à ma place.

LE ROI, bas, à Chiffinch.

Chiffinch !

CHIFFINCH, de même.

Sire?

LE ROI.

Est-ce qu'il connaissait le contenu de ces dépêches ?

CHIFFINCH.

Le démon l'aura deviné.

LE ROI, haut.

Milord, à la prière du laird de Dumbiky, votre exil se change en une mission. Demain, vous partirez pour l'Irlande.

MAC ALLAN.

Voici les dépêches, milord.

(Il remet les dépêches au Duc.)

LE ROI, s'approchant de Nelly.

Vous le voyez, Nelly, le roi a pardonné à tout le monde.

NELLY.

La clémence est vertu royale.

LE ROI.

N'êtes-vous pas à moitié reine?

NELLY.

Aussi, prenez garde, sire; je n'accorde qu'un demi-pardon.

LE ROI.

En tout cas, à vous cette clef que Chiffinch vous avait redemandée par erreur.

NELLY fait un mouvement pour montrer au Roi la seconde clef; puis, se ravisant, à part.

Prenons-la toujours ; on ne sait pas ce qui peut arriver.

FIN DU LAIRD DE DUMBIKY

UNE
FILLE DU RÉGENT

COMÉDIE EN QUATRE ACTES ET UN PROLOGUE

Théâtre-Français. — 1er avril 1846 (1).

DISTRIBUTION

LE RÉGENT..	MM. Geffroy.
DUBOIS..	Regnier.
GASTON...	Brindeau.
LE MARQUIS DE PONTCALEC.....................	Maubant.
LE COMTE DE MONTLOUIS.......................	Fechter.
Le Capitaine..	Dupuis.
TAPIN...	Got.
LA JONQUIÈRE......................................	Fonta.
OVEN..	Riché.
L'Hôtelier..	Micheau.
L'Huissier..	Alexandre.
Premier Garde.....................................	Mathien.
Deuxième Garde...................................	Rousset.
HÉLÈNE...	Mmes Mélingue.
MADAME DESROCHES.............................	Mireccurt.
MADAME BERNARD................................	Thénard.

(1) D'après l'ordre chronologique des représentations, que nous avons observé jusqu'ici, c'est le drame des *Mousquetaires* qui devrait venir en cette place; mais, comme ce drame, malgré son action distincte, forme, en réalité, le complément de *la Jeunesse des Mousquetaires*, qui ne fut jouée qu'environ quatre ans plus tard, nous avons cru devoir l'imprimer à la suite de cette dernière pièce, préférant, pour la commodité du lecteur, l'ordre logique à l'ordre chronologique.

(*Note des Éditeurs.*)

PROLOGUE

Un chemin creux couvert de neige; un couvent au milieu d'un étang glacé.

—

SCÈNE PREMIÈRE

LE MARQUIS DE PONTCALEC, LE COMTE DE MONT-LOUIS, embusqués.

PONTCALEC.
Croyez-vous qu'il passe par ici, Montlouis?

MONTLOUIS.
Il n'y a pas d'autre chemin pour aller à Clisson; d'ailleurs, nos deux amis le suivent par derrière, n'est-ce pas?

PONTCALEC.
Oui.

MONTLOUIS.
De deux choses l'une, alors : ou il suivra le grand chemin, et nous l'arrêterons au passage, ou il prendra quelque route de traverse, et nos amis le rejoindront.

PONTCALEC.
Chut! j'entends des pas.

MONTLOUIS.
Vous croyez?...

PONTCALEC.
J'en suis sûr; une branche a craqué...

MONTLOUIS.
En effet...

PONTCALEC.
Cachons-nous!

MONTLOUIS.
Ma foi, je crois qu'il est trop tard, et qu'il nous a vus.

PONTCALEC.
N'importe! il ne pourra point nous échapper, puisque nous sommes devant lui, et que du Couédic et d'Auvray sont derrière.

MONTLOUIS.
Alors, marchons à lui.

SCÈNE II

Les Mêmes, GASTON.

GASTON, *tirant deux pistolets de dessous son manteau.*
Un pas de plus, et vous êtes morts !

MONTLOUIS.
Oh ! oh ! voilà comme vous y allez, chevalier ?

GASTON.
Nommez-vous, messieurs ; car je vois bien que vous n'êtes pas des voleurs... Nommez-vous si vous tenez à la vie.

PONTCALEC.
Remettez vos pistolets à votre ceinture, monsieur de Chanley. Voici M. le comte de Montlouis ; et moi, je suis le marquis de Pontcalec.

GASTON.
Et que venez-vous faire ici, messieurs, je vous prie ?

PONTCALEC.
Vous demander quelques explications sur votre conduite... Approchez donc... et répondez, s'il vous plaît.

GASTON.
L'invitation est faite d'une singulière façon, marquis ; ne pourriez-vous, si vous désirez que j'y réponde, la faire en d'autres termes, et lui donner une autre forme ?

MONTLOUIS.
Approchez-vous, Gaston ; nous avons réellement à vous parler, mon ami.

GASTON.
A la bonne heure ! je reconnais votre courtoisie, mon cher Montlouis ; mais j'avoue que je ne suis pas encore habitué aux manières de M. de Pontcalec.

PONTCALEC.
Mes manières sont celles d'un rude et franc Breton, monsieur, qui n'a rien à cacher à ses amis, et qui ne s'oppose pas à ce qu'on l'interroge aussi franchement qu'il interroge les autres.

GASTON.
Messieurs, je suis à vos ordres...

PONTCALEC.
Un instant... Monsieur du Couédic, restez où vous êtes, et

vous, monsieur d'Auvray, allez vous mettre en sentinelle sur le chemin... Si quelque étranger s'approche, vous nous préviendrez. (Du Couédic fait quatre pas en arrière ; d'Auvray disparaît.) Maintenant, chevalier, préparez-vous à nous répondre.

GASTON.

Messieurs, permettez-moi de vous dire que tout ce qui se passe en ce moment me semble bien étrange... C'est moi que vous suiviez, à ce qu'il paraît... ou plutôt que vous précédiez... C'est moi que suivaient MM. d'Auvray et du Couédic... Voyons, que signifie tout ceci? Si c'est une plaisanterie, l'heure et le lieu me paraissent mal choisis...

PONTCALEC.

Non, monsieur, ce n'est point une plaisanterie... C'est un interrogatoire...

MONTLOUIS.

C'est-à-dire une explication, chevalier...

PONTCALEC.

Interrogatoire ou explication, peu importe... La circonstance est trop grave pour jouer sur le sens ou ergoter sur les mots : répondez donc à nos questions, monsieur de Chanley, que ce soit un interrogatoire ou une explication.

GASTON.

Vous commandez durement, marquis.

PONTCALEC.

Si je commande, monsieur, c'est que j'en ai le droit. Suis-je votre chef, ou ne le suis-je pas?... Vous avez fait le serment d'obéir ; obéissez.

GASTON.

J'ai fait serment d'obéir, monsieur... mais non pas comme un laquais...

PONTCALEC.

Vous avez fait serment d'obéir comme un esclave...

GASTON, mettant la main à son épée.

Monsieur le marquis!

PONTCALEC.

Chevalier, rappelez-vous les faits : nous conspirions tous quatre, nous ne réclamions pas votre appui, vous êtes venu nous l'offrir vous-même : est-ce vrai?

GASTON.

C'est vrai!

PONTCALEC.

Alors, nous vous avons reçu et accueilli parmi nous comme un ami, comme un frère... Nous vous avons dit toutes nos espérances, confié tous nos projets... Bien plus, quand il s'est agi de tirer au sort à qui frapperait, vous avez exigé que votre nom fût mis dans l'urne avec les nôtres... Est-ce encore vrai?...

GASTON.

C'est vrai!

PONTCALEC.

Votre nom est sorti... C'était un grand honneur... et un grand danger que vous faisait le sort... Alors, chacun de nous vous a offert de prendre votre place, si quelque motif devait vous arrêter; est-ce toujours vrai?

GASTON.

Vous ne dites pas un mot, j'en conviens, qui ne soit l'exacte vérité, marquis.

PONTCALEC.

C'est ce matin que vous avez tiré au sort... C'est ce soir que vous deviez être sur la route de Paris... Où vous trouvons-nous, au contraire?... Sur celle de Clisson!... de Clisson, où demeurent les plus mortels ennemis de l'indépendance bretonne... où loge le maréchal de Montesquiou, notre ennemi juré...

GASTON.

Ah! monsieur!...

PONTCALEC.

Chevalier, répondez par des paroles franches, et non par de méprisants sourires; répondez, monsieur de Chanley, je vous l'ordonne, répondez...

GASTON.

Messieurs, si vous m'aviez suivi au lieu de m'arrêter ici, vous eussiez vu que ce n'était point à Clisson que j'allais.

PONTCALEC.

En tout cas, ce n'était point à Paris non plus.

GASTON.

Non, messieurs.

PONTCALEC.

Où alliez-vous, alors?

GASTON.

Messieurs, je vous en prie... ayez confiance en moi, et ménagez mon secret... C'est un secret de jeune homme... Un secret où non-seulement mon honneur, mais encore celui d'une autre personne est engagé.

MONTLOUIS.

Alors, c'est donc un secret d'amour?

GASTON.

Oui, mon cher Montlouis... et j'ajouterai de premier amour !

PONTCALEC.

Défaites que tout cela !

GASTON.

Monsieur le marquis, c'est la seconde fois...

MONTLOUIS.

Pardonnez-moi, mon ami ; mais, en vérité, c'est trop peu dire pour contenter des complices... disons le mot... Comment croire que vous allez à un rendez-vous par ce temps de neige abominable, et que ce rendez-vous n'est pas à Clisson, quand, excepté ce couvent (il le montre), il n'y a pas une maison bourgeoise à deux lieues à la ronde?

PONTCALEC.

Monsieur de Chanley, la partie que nous avons entreprise est grave : nous y jouons nos biens, notre tête, et, plus que tout cela, notre honneur!... Voulez-vous répondre clairement aux questions que je vais vous adresser? Au nom de nous tous, répondez enfin de façon à ne nous laisser aucun doute... ou sinon, monsieur, foi de gentilhomme, en vertu du droit de vie et de mort que vous m'avez donné librement et de votre propre volonté sur vous-même, foi de gentilhomme, je vous le répète, je vous casse la tête d'un coup de pistolet...

(Silence d'un instant.)

GASTON.

Marquis, non-seulement vous m'insultez en me soupçonnant, mais encore vous me brisez le cœur en m'affirmant que je ne puis détruire vos soupçons qu'en vous initiant à mon secret.

(Il tire des tablettes de sa poche, et écrit quelques mots sur un morceau de papier, le déchire, remet le portefeuille dans sa poche et enferme le papier dans sa main.)

MONTLOUIS.

Que fait-il?

GASTON.

Maintenant, écoutez-moi, marquis de Pontcalec : voici dans cette main le secret que vous voulez savoir ; moi vivant, vous ne le saurez pas. Brûlez-moi la cervelle, vous en avez le droit... Moi mort, vous ouvrirez ma main, vous lirez ce billet, et vous verrez alors si je méritais un soupçon pareil. J'attends.

PONTCALEC, avec un mouvement de menace.

Eh bien, puisque vous le voulez, malheureux !...

MONTLOUIS, se jetant entre eux.

Pontcalec !... Gaston !... Au nom du ciel, marquis, je le connais, il se laisserait tuer sans prononcer une parole... Gaston, je t'en supplie, au nom de notre vieille amitié... tu n'auras pas de secret pour des hommes d'honneur... Gaston, à genoux, je te conjure de tout nous dire !... Marquis, Gaston dira tout ; pardonnez-lui.

PONTCALEC.

Mais certainement, que je lui pardonne... et bien plus... que je l'aime... il le sait bien... pardieu !... Qu'il nous prouve son innocence seulement, et, aussitôt, je lui fais toutes les réparations qu'il exigera... Mais, auparavant... rien... C'est à lui de céder ; il est jeune, il est seul au monde, il n'a pas, comme nous, des femmes, des mères et des enfants dont il expose la fortune et le bonheur... il ne risque que sa vie, lui, et il en fait le cas qu'on en fait à vingt-cinq ans ! mais, avec sa vie, il joue la nôtre... Un mot, un seul mot ! qu'il nous présente une justification probable... et, le premier, je lui ouvre mes bras.

MONTLOUIS.

Mon ami !

PONTCALEC.

Gaston ! (Il lui donne sa main.) Mon fils !

GASTON.

Eh bien, marquis, eh bien, comte, vous allez être satisfaits.

MONTLOUIS.

Ah !

GASTON.

Je ne demande que votre parole.

MONTLOUIS.

Foi de gentilhomme, votre secret mourra là, Gaston.

(Pontcalec met aussi la main sur son cœur.)

GASTON.

Voyez-vous cette maison?

MONTLOUIS.

Ce couvent, vous voulez dire?

GASTON.

Oui; c'est là que je vais.

PONTCALEC.

Vous allez ici?...

GASTON.

Ici même, monsieur. Ce couvent renferme une jeune fille que j'aime depuis huit mois, c'est-à-dire depuis notre association; peut-être, si je l'eusse aimée auparavant... Mais Dieu a fait les choses ainsi!... Je l'ai vue pour la première fois dans une procession à Nantes; je l'ai suivie, je l'ai épiée, et je lui ai fait tenir une lettre.

PONTCALEC.

Mais comment la voyez-vous? Ce couvent est entouré d'eau, et fermé de murs partout où il n'est pas entouré d'eau.

GASTON.

Cent louis ont mis le jardinier dans mes intérêts... L'été, je trouve cette barque amarrée à ce saule; j'ai la clef du cadenas... je rame jusqu'au-dessous de cette fenêtre, et alors je la vois, je lui parle.

PONTCALEC.

Oui, je comprends cela l'été; mais, à cette heure, le bateau ne peut plus naviguer.

GASTON.

C'est vrai, marquis; mais, à défaut de bateau, il y a ce soir une croûte de glace; ce soir, j'irai donc à elle sur cette glace; peut-être se brisera-t-elle sous mes pieds et m'engloutirai-je; tant mieux!... car, je l'espère, alors, monsieur, vos soupçons s'engloutiront avec moi.

MONTLOUIS.

Ah! Gaston, que tu me fais de bien!

PONTCALEC.

Ah! chevalier, pardonnez-moi; mais je me défie de moi-même, et c'est bien naturel... après l'honneur que vous m'avez fait de me choisir pour votre chef... Ainsi, vous nous donnez votre parole d'honneur, votre foi de gentilhomme que c'est bien là?

GASTON.

Je fais mieux... je vous dis : Marquis, attendez... et vous allez voir.

MONTLOUIS.

Mon Dieu! si cette glace...

GASTON.

A la garde de Dieu! (Il marche lentement sur la glace, et arrive à la fenêtre du balcon.) Hélène! Hélène! (Se retournant.) Vous êtes toujours là, messieurs?

MONTLOUIS.

Oui... Cachons-nous, marquis!... que cette jeune fille ne nous voie point.

(Ils se cachent, mais de manière à rester en vue du spectateur.)

GASTON.

Hélène!

(La fenêtre s'ouvre, une jeune fille paraît au balcon.)

SCÈNE III

Les Mêmes, HÉLÈNE DE CHAVERNY.

HÉLÈNE.

C'est vous?

GASTON.

Oui.

HÉLÈNE.

Ah! mon Dieu, vous voilà venu... malgré le froid, sur cette glace à peine prise!... Je vous avais cependant bien défendu, dans ma lettre, d'arriver à moi par ce chemin.

GASTON.

Avec votre lettre sur mon cœur, Hélène, il me semble que je ne puis courir aucun danger... C'est un talisman sauveur... et dont j'ai déjà éprouvé l'effet... Mais qu'avez-vous donc de si triste et de si sérieux à me dire?... Vous avez pleuré, ce me semble.

HÉLÈNE.

Hélas! mon ami, depuis ce matin, je ne fais pas autre chose.

GASTON.

Depuis ce matin? C'est étrange. Et moi aussi, Hélène, je pleurerais, si je n'étais pas un homme.

HÉLÈNE.

Que dites-vous, Gaston?...

GASTON.

Rien!... Revenons à vous : quels sont vos chagrins, mon amie? Dites-moi cela.

HÉLÈNE.

Vous le savez, Gaston, je ne m'appartiens pas... Je suis une pauvre orpheline, élevée ici, n'ayant d'autre patrie et d'autre monde, d'autre univers que ce couvent; je n'ai jamais vu personne à qui je puisse donner les noms de père et de mère; je crois ma mère morte, et l'on m'a toujours dit mon père absent; je dépends donc d'une puissance invisible qui s'est révélée à notre supérieure seulement. Ce matin, ma bonne mère m'a fait venir et m'a annoncé mon départ.

GASTON.

Votre départ, Hélène! vous quittez le couvent?...

HÉLÈNE.

Oui... Il paraît que ma famille me réclame, Gaston.

GASTON.

Votre famille? Mon Dieu! que nous veut encore ce nouveau malheur?

HÉLÈNE.

Oui, vous avez raison, Gaston, quoique ce que vous dites là puisse paraître étrange à des indifférents... J'étais heureuse dans ce couvent, je ne demandais pas davantage au Seigneur que d'y rester jusqu'au moment où je deviendrais votre femme. Le Seigneur dispose de moi autrement; que vais-je devenir?...

GASTON.

Et cet ordre qui vous enlève?...

HÉLÈNE.

N'admet, à ce qu'il paraît, ni discussion ni retard...

GASTON.

Savez-vous au moins quelque chose sur votre famille?

HÉLÈNE.

Rien! rien! Je sais qu'il faut partir, voilà tout. Quand ma bonne mère m'a annoncé cela, j'ai fondu en larmes, je me suis jetée à ses genoux... Alors, elle s'est doutée qu'il y avait à mes larmes un autre motif que celui que je leur donnais; elle m'a pressée, interrogée, et, pardonnez-moi, Gaston, j'avais besoin de confier mon secret à quelqu'un, j'avais besoin d'être plainte et consolée! je lui ai tout dit!

GASTON.

Tout?

HÉLÈNE.

Oui, que je vous aimais et que vous m'aimiez; tout, elle sait tout... excepté la manière dont nous nous voyons... car j'avais peur, si j'avouais cela, qu'on ne m'empêchât de vous voir une dernière fois, et je voulais cependant vous dire adieu.

GASTON.

Et qu'a-t-elle dit alors?

HÉLÈNE.

Une chose qui m'effraye, Gaston... Chut!

GASTON.

Qu'y a-t-il donc?

HÉLÈNE.

J'ai cru entendre... Non, rien.

GASTON.

Eh bien?

HÉLÈNE.

Ce qu'elle m'a dit me fait supposer que je suis la fille de quelque grand seigneur.

GASTON.

Dites, j'écoute.

HÉLÈNE.

Elle m'a dit : « Il faut oublier le chevalier, ma fille; car qui sait si votre nouvelle famille consentirait à cette union? »

GASTON.

Mais ne suis-je pas d'une des plus vieilles maisons de Bretagne?... et, sans que je sois riche, ma fortune n'est-elle point indépendante?... Vous lui avez fait cette observation, n'est-ce pas, Hélène?...

HÉLÈNE.

Oui; je lui ai dit : « Ma mère, Gaston me prenait sans nom, sans fortune; on peut me séparer de Gaston; mais ce serait à moi une cruelle ingratitude de l'oublier, et je ne l'oublierai jamais! »

GASTON.

Hélène, vous êtes un ange!... mais les anges sont doux et bons : ce qu'on vous ordonnera de faire, vous le ferez!

HÉLÈNE.

Non! ne croyez pas cela, Gaston; j'ai quelque chose en moi que vous ne connaissez pas vous-même, et qui parfois m'épouvante!... quelque chose de fier et d'absolu qui, lorsqu'on me résiste, amène sur mes lèvres le mot *Je veux!*... Je vous dis tous mes défauts, Gaston; car je ne veux pas que vous me croyiez meilleure que je ne suis.

GASTON.

C'est que, comme vous le disiez, Hélène, vous êtes la fille de quelque grand seigneur, et que Dieu vous a donné le droit de commander. Tant mieux si cela est ainsi.

HÉLÈNE.

Comment, tant mieux? Vous réjouiriez-vous donc de notre séparation?

GASTON.

Non; mais je me réjouis de ce que vous trouvez une famille noble et puissante au moment où vous allez peut-être perdre un ami!

HÉLÈNE.

Perdre un ami... Mais je n'ai pas d'autre ami que vous! dois-je donc vous perdre?...

GASTON.

Je vais du moins être forcé de vous quitter pour quelque temps, Hélène!

HÉLÈNE.

Vous?...

GASTON.

Oui, moi! Le destin a pris à tâche de nous faire semblables en tout, et vous n'êtes pas la seule à ignorer ce que vous garde le lendemain.

HÉLÈNE.

Gaston, que voulez-vous dire?

GASTON.

Ce que, dans mon amour, ou plutôt dans mon égoïsme, je n'ai pas osé vous dire encore... J'allais au-devant de l'heure à laquelle nous sommes arrivés, les yeux fermés; ce matin, mes yeux se sont ouverts... Il faut que je vous quitte, Hélène!

HÉLÈNE.

Mais pour quoi faire?... qu'avez-vous entrepris?... qu'allez-vous devenir?

GASTON.

Hélas! nous avons chacun notre secret, Hélène! que le vôtre ne soit pas aussi terrible que le mien, c'est tout ce que je demande au ciel!

HÉLÈNE.

Oh! mon Dieu! mon Dieu! qu'avons-nous donc fait pour être si malheureux?...

GASTON.

Voyons, Hélène, du courage!... Pourrai-je vous voir encore une fois avant mon départ?...

HÉLÈNE.

Je ne crois pas, je pars demain.

GASTON.

Et quelle route prenez-vous?

HÉLÈNE.

Celle de Paris.

GASTON.

Comment! vous allez donc...?

HÉLÈNE.

Je vais à Paris.

GASTON.

Grand Dieu! et moi aussi!

HÉLÈNE.

Et vous aussi?

GASTON.

Nous nous trompions, Hélène; nous partions tous deux, mais nous ne nous quittions pas!

HÉLÈNE.

Oh! mon Dieu! mon Dieu! que me dites-vous là?...

GASTON.

Que nous avions tort d'accuser la Providence, et qu'elle se venge en nous accordant plus que nous n'eussions osé lui demander... Non-seulement nous pourrons nous voir tout le long de la route, mais encore à Paris... Eh bien, à Paris, nous ne serons pas tout à fait séparés... Avec qui partez-vous?

HÉLÈNE.

Avec sœur Thérèse, la religieuse dont la cellule touche mon appartement.

GASTON.

Alors, tout va pour le mieux. Hélène, moi, je vous suis à cheval, comme un voyageur étranger ; chaque soir, je vous parle, et, quand je ne puis parvenir à vous parler, je vous vois du moins...

HÉLÈNE

Chut !

GASTON.

Quoi ?

HÉLÈNE.

C'est sœur Thérèse qui m'appelle... Me voilà, ma sœur.

(Elle rentre.)

GASTON, revenant.

Eh bien, messieurs, êtes-vous satisfaits, et ce que vous avez vu vous suffit-il ?...

PONTCALEC.

Embrasse-moi, mon fils.

MONTLOUIS.

Oh ! j'avais répondu de toi, Gaston.

GASTON.

Vous n'avez donc plus aucun doute ?

PONTCALEC.

Non... Va accomplir ta mission, frère, et que Dieu te garde !

HÉLÈNE.

Gaston ! Gaston !

GASTON, retournant à la fenêtre.

Hélène, me voici !

HÉLÈNE.

Adieu, mon ami, ou plutôt...

GASTON.

Au revoir !

HÉLÈNE.

Oh ! oui, au revoir !

(Elle lui donne sa main à baiser.)

ACTE PREMIER

L'auberge du *Tigre royal*, à Rambouillet.

SCÈNE PREMIÈRE

MADAME BERNARD, seule, sortant d'une chambre.

Oh ! l'horrible engeance que ces domestiques ! ils ne savent même pas faire du feu sans laisser la chambre s'emplir de fumée. (Elle va ouvrir une fenêtre qui se trouve dans un pan coupé.) La ! maintenant donnons des ordres pour le souper de ces dames, ou plutôt veillons nous-même à ce qu'il n'y manque rien.

(Elle sort.)

SCÈNE II

DUBOIS, TAPIN, paraissant tous deux à la fenêtre.

DUBOIS.

Est-ce ici, maître Tapin ?

TAPIN.

Ici même.

DUBOIS.

Alors, aidez-moi à entrer... Bon ! merci... (Il entre dans la chambre.) Vous connaissez vos instructions !

TAPIN.

Et je les remplirai à la lettre.

DUBOIS.

Très-bien, allez. (Il referme la fenêtre.) Brrrrrr ! il ne fait pas chaud, ce soir ; heureusement qu'il y a bon feu dans cette chambre. (Il s'assied près du feu, ouvre un portefeuille, étale des papiers sur une table et se met à les feuilleter.) Allons, ma police secrète ne m'a pas trompé, et voici mes Bretons à la besogne ; mais comment diable notre conspirateur est-il venu à si petites journées ? Parti de Nantes le 11 janvier, à midi, et pas encore arrivé à Rambouillet le 21, à huit heures du soir ! Hum ! cela me cache probablement quelque nouveau mystère que va m'éclaircir cet honnête espion que M. de Montaran a trouvé moyen de placer près de notre Brutus... Holà! quelqu'un!... Eh bien, comment diable appelle-t-on ici?... Ah! voilà une sonnette.

(Il sonne.)

SCÈNE III

DUBOIS, à table; MADAME BERNARD, entrant.

MADAME BERNARD.
Oh! mon Dieu!

DUBOIS.
Venez ici, ma chère madame Bernard.

MADAME BERNARD.
Pardon, monsieur, vous n'étiez pas là tout à l'heure.

DUBOIS.
Vous avez raison, j'étais dans la rue.

MADAME BERNARD.
Mais par où êtes-vous entré?

DUBOIS.
Par la fenêtre.

MADAME BERNARD.
Par la fenêtre! pourquoi par la fenêtre?

DUBOIS.
Parce que je craignais d'être vu en passant par la porte.

MADAME BERNARD.
Que désirez-vous?

DUBOIS.
Vous dire un mot en particulier.

MADAME BERNARD.
En particulier? Mais je ne vous connais pas, moi!

DUBOIS.
Oh! soyez tranquille; quand je vous aurai dit ce mot, vous me connaîtrez parfaitement.

MADAME BERNARD.
Ce mot, c'est donc...?

DUBOIS.
Mon nom, tout bonnement.

MADAME BERNARD.
Votre nom!... votre nom est donc connu?...

DUBOIS.

Très-connu.

MADAME BERNARD.

Dites.

DUBOIS.

Approchez!... plus près!

MADAME BERNARD.

Tout bas, alors?

DUBOIS.

Sans doute!

MADAME BERNARD.

Pourquoi tout bas?

DUBOIS.

Pour qu'il n'y ait que vous qui l'entendiez

MADAME BERNARD.

Allons. (Elle s'approche, Dubois lui dit son nom tout bas.) Comment! monseigneur!

DUBOIS.

Allons, voilà que vous me trahissez!

MADAME BERNARD

Pardon, mon...

DUBOIS.

Sieur... tout court... monsieur, vous entendez!

MADAME BERNARD.

Et à quelle circonstance dois-je l'honneur de votre visite, monsieur?

DUBOIS.

A une affaire d'État.

MADAME BERNARD.

Cette affaire n'a rien de compromettant pour ma maison?

DUBOIS.

Non, si vous me secondez; sinon, ma chère madame Bernard, je ne réponds de rien...

MADAME BERNARD.

Monsieur, je suis à vos ordres.

DUBOIS.

Alors, je puis compter sur votre discrétion?

MADAME BERNARD.

Oh! monsieur!

DUBOIS.

Remarquez que c'est bien plutôt pour vous que pour moi

9.

que je vous recommande la discrétion... attendu qu'au premier mot que vous laisseriez échapper, je me verrais forcé de vous envoyer aux Madelonnettes.

MADAME BERNARD.

Jésus Dieu !

DUBOIS.

Oh ! vous y trouveriez très-bonne compagnie, ma chère madame Bernard. Depuis quelque temps, j'y ai envoyé des personnes très-bien.

MADAME BERNARD.

A partir de ce moment, je suis muette.

DUBOIS.

Excepté pour moi !

MADAME BERNARD.

Oh ! vous ! c'est autre chose, vous avez le droit de tout savoir.

DUBOIS.

Alors, ne me cachez rien...

MADAME BERNARD.

Interrogez, demandez, je suis prête à vous répondre.

DUBOIS.

Vous est-il arrivé quelqu'un aujourd'hui venant par la route de Chartres ?

MADAME BERNARD.

Oui, un homme, tout à l'heure.

DUBOIS.

Une espèce de domestique ?

MADAME BERNARD.

Justement !

DUBOIS.

Un Breton ?

MADAME BERNARD.

Il en a tout l'air.

DUBOIS.

Et il a retenu une chambre pour son maître ?

MADAME BERNARD.

Non, il n'a rien retenu.

DUBOIS.

Il venait pour quelque chose, cependant ?

MADAME BERNARD.

Il venait pour voir la chambre des deux dames,

DUBOIS.

Quelle chambre?

MADAME BERNARD.

Cette chambre-ci, et une autre au bout du corridor.

DUBOIS.

Ces chambres-ci sont donc retenues pour des dames?

MADAME BERNARD.

Oui, monsieur.

DUBOIS.

Pour des dames de Nantes?

MADAME BERNARD.

Pour une dame de Paris allant au-devant d'une dame de Nantes.

DUBOIS.

Et qui a retenu ces deux chambres?

MADAME BERNARD.

La dame de Paris, en passant, ce matin.

DUBOIS.

Voilà la chose qui se complique. Et ces dames attendent-elles quelqu'un ce soir?

MADAME BERNARD.

Oui.

DUBOIS.

Un jeune gentilhomme venant de Chartres?

MADAME BERNARD.

Non; un grand seigneur venant de Paris.

DUBOIS.

Madame Bernard, nous jouons aux propos interrompus. Savez-vous le nom de ce valet?

MADAME BERNARD.

Il s'appelle M. Oven.

DUBOIS.

C'est bien cela, cependant... Est-il encore ici?

MADAME BERNARD.

S'il n'y est point, il est dans l'hôtel en face.

DUBOIS.

Faites-le appeler.

MADAME BERNARD, à la porte.

Appelez M. Oven.

DUBOIS.

Vous vous doutez, n'est-ce pas, ma chère madame Bernard, que, lorsqu'il entrera, je vous serai obligé de sortir?

MADAME BERNARD.

A l'instant même, monsieur, à l'instant.

DUBOIS.

Je ne vous retiens pas, allez!

MADAME BERNARD.

Monsieur!...

DUBOIS.

Très-bien!

SCÈNE IV

DUBOIS, puis OVEN.

DUBOIS, tirant sa montre.

Huit heures et demie. En ce moment, monseigneur rentre au Palais-Royal, arrivant de Saint-Germain, et me fait demander; on lui répond que je n'y suis pas; en conséquence de quoi, monseigneur s'apprête à faire quelque énorme folie... Frottez-vous les mains et faites votre escapade à loisir, monseigneur; ce n'est point à Paris qu'est le danger, c'est ici; mais Dubois veille, heureusement pour vous... Ah! ah! qu'est-ce que ce drôle?

OVEN.

C'est vous qui me demandez, monsieur?

DUBOIS.

Vous venez de Nantes?

OVEN.

Oui.

DUBOIS.

Vous êtes à M. le chevalier Gaston de Chanley?

OVEN.

Oui.

DUBOIS.

Et vous vous nommez Oven?

OVEN.

Oui.

DUBOIS.

En ce cas, viens ici, maraud! (Oven regarde autour de lui). Eh bien, n'as-tu pas entendu?

OVEN.

Si fait, monsieur; mais j'ignorais que ce fût à moi...

DUBOIS.

Que je parlasse? Et à qui donc veux-tu que ce soit? Nous ne sommes que deux. Voyons, approche.

OVEN.

Pardon, monsieur; mais qui êtes-vous?

DUBOIS.

Je crois que tu m'interroges, drôle! Écoute: je suis celui à qui M. de Montaran t'a ordonné d'obéir.

OVEN.

Comment! j'aurais l'honneur...?

DUBOIS.

Silence! On t'a donné cinquante louis pour me dire la vérité, n'est-ce pas?...

OVEN.

C'est-à-dire qu'on me les a promis, monsieur.

DUBOIS, *tirant une pile de pièces d'or et la plaçant en équilibre sur la table.*

C'est tout un!

OVEN.

Je puis donc les prendre, monsieur?

DUBOIS.

Un instant! on te les a promis si tu parlais.

OVEN.

Oui.

DUBOIS.

Eh bien, tu n'as encore rien dit.

OVEN.

C'est juste.

DUBOIS.

Tu es donc prêt à répondre?

OVEN.

Interrogez!

DUBOIS.

Attends. Tu me parais un gaillard fort intelligent.

OVEN.

Monsieur...

DUBOIS.

Nous allons faire un marché.

OVEN.

Lequel?

DUBOIS.

Voici les cinquante louis.

OVEN.

Je les vois bien.

DUBOIS.

Je vais te questionner; à chaque réponse que tu feras à mes questions, j'ajoute dix louis...

OVEN.

Ah!

DUBOIS.

Si la réponse est importante. Si la réponse est ridicule et stupide, j'en ôte dix...

OVEN.

Oh!

DUBOIS.

Tu vois qu'il ne tient qu'à toi de doubler la somme.

OVEN.

Mais qui sera juge de la valeur de mes réponses?

DUBOIS.

Moi, pardieu! puisque c'est moi qui paye.

OVEN.

Oh! oh!

DUBOIS.

Maintenant, causons.

OVEN.

A vos ordres.

DUBOIS.

D'où viens-tu?

OVEN.

Je vous l'ai déjà dit.

DUBOIS.

Ça ne fait rien, répète.

OVEN.

De Nantes.

DUBOIS.

Avec qui?

OVEN.

Vous le savez bien.

DUBOIS.

N'importe, je désire le savoir mieux.

OVEN.

Avec M. le chevalier Gaston de Chanley.

DUBOIS, allongeant la main vers les louis.

Attention!

OVEN.

J'écoute de toutes mes oreilles.

DUBOIS.

Ton maître voyage-t-il sous son nom?

OVEN.

Il est parti sous son nom; mais, en route, il en a pris un autre.

DUBOIS.

Lequel?

OVEN.

Le nom de M. de Livry.

DUBOIS.

Bien!

(Il ajoute dix louis.)

OVEN, joyeux.

Oh!

DUBOIS.

Et que faisait ton maître à Nantes?

OVEN.

Monsieur, il faisait ce que font les jeunes gens, il montait à cheval, il chassait, il allait au bal. (Dubois allonge la main vers les louis.) Attendez donc! il faisait autre chose encore.

DUBOIS.

Il était temps! Que faisait-il?

OVEN.

Il quittait la maison deux fois la semaine, à huit heures du soir, et ne rentrait qu'à quatre heures du matin.

DUBOIS.

A merveille! Et où allait-il?

OVEN.

Où il allait?

DUBOIS.

Oui.

OVEN.

Dame, je n'en sais rien!

DUBOIS.

Comment cela, tu n'en sais rien?

OVEN.

Non; il me défendait de le suivre.

DUBOIS.

Et tu ne le suivais pas?...

OVEN.

Non.

DUBOIS, reprenant les dix louis.

Imbécile!...

OVEN.

Aïe!

DUBOIS.

Et, depuis son départ, qu'a-t-il fait?

OVEN.

Monsieur, il a passé par Oudon, par Ancenis, par Nogent-le-Rotrou et par Chartres. (Dubois retire dix autres louis.) Oh! mon Dieu!

DUBOIS.

Revenons à notre interrogatoire... En route, il n'a été rejoint par personne?...

OVEN.

Non, monsieur; au contraire, c'est lui qui a rejoint...

DUBOIS.

Qui cela a-t-il rejoint?...

OVEN.

Une jeune demoiselle qui a été élevée aux Ursulines de Clisson...

DUBOIS.

Cette demoiselle voyageait seule?

OVEN.

Non, monsieur; elle voyageait avec une religieuse du même couvent, nommée sœur Thérèse.

DUBOIS.

Et comment s'appelait cette pensionnaire?

OVEN.

Mademoiselle Hélène de Chaverny.

DUBOIS.

Hélène! le nom promet... Et cette belle Hélène est la maîtresse de ton maître, sans doute?

OVEN, avec finesse.

Dame, je n'en sais rien; vous comprenez qu'il ne me l'a pas dit.

DUBOIS, reprenant dix autres louis.

Il est plein d'intelligence, ma parole d'honneur!

OVEN.

Oh! monsieur, mais il ne restera plus rien!

DUBOIS.

Le fait est qu'avec quatre réponses comme celles-ci encore, tu auras trahi ton maître gratis; ce qui est fort triste pour un fidèle serviteur!

OVEN.

Je crois que je vais me trouver mal!

DUBOIS.

Continuons. Et ces dames vont à Paris?

OVEN.

Aujourd'hui, à deux heures, elles se sont arrêtées à Epernon.

DUBOIS.

Ah! ah! et ton maître aussi?

OVEN.

Oui, monsieur. Puis, comme il est arrivé une dame de Paris, venant au-devant de la demoiselle, sœur Thérèse l'a quittée et est retournée à Clisson.

DUBOIS.

Tout cela n'est pas d'une grande importance; mais il ne faut pas décourager les commençants.

(Il remet dix louis.)

OVEN, à part.

Il a remis dix louis!

DUBOIS.

Et sais-tu comment s'appelait cette dame de Paris?

OVEN.

Je l'ai entendu nommer madame Desroches.

DUBOIS.

Madame Desroches, dis-tu?

OVEN.

Oui.

DUBOIS.

Tu en es sûr?

OVEN.

Comment, si j'en suis sûr? La preuve, c'est qu'elle est grande, maigre et jaune.

DUBOIS.

Grande?

OVEN.

Oui.

DUBOIS.

Maigre?

OVEN.

Oui.

DUBOIS.

Et jaune?

OVEN.

Oui.

DUBOIS.

Voilà trois épithètes qui valent dix louis.

OVEN.

Chacune?

DUBOIS.

Non pas! Comme il y va, le drôle! (Il remet dix louis.) Son âge?

OVEN.

Quarante-cinq ans, à peu près.

DUBOIS.

Dix autres louis pour les quarante-cinq ans.

OVEN.

Habillée d'une robe de soie à grandes fleurs.

DUBOIS.

Allons, on fera quelque chose de toi!

OVEN.

Il n'y a rien pour la robe de soie à grandes fleurs?

DUBOIS.

Non; mais il y a dix autres louis si tu me dis où ces dames doivent coucher ce soir.

OVEN.

Ici, monsieur, à l'hôtel du *Tigre royal*, et j'étais envoyé en avant par mon maître pour prendre connaissance des localités, attendu que, malgré madame Desroches, il veut, sans doute, continuer de voir la jeune personne.

DUBOIS, ajoutant dix louis.

Bravo! Et ton maître, où loge-t-il, lui?

OVEN.

A l'hôtel en face, de l'autre côté de la rue; de sa chambre, on peut voir les fenêtres de celle de mademoiselle Hélène.

DUBOIS, ajoutant des louis, mais sans compter.

Mon cher ami, tu peux compter que, d'ici à trois ans, ta fortune est faite, si, d'ici à trois ans, toutefois tu n'es pas pendu.

OVEN.

Puis-je prendre mon argent?...

TAPIN, en dehors.

Monsieur!... monsieur!...

SCÈNE V

Les Mêmes, TAPIN.

DUBOIS.

Un instant, sachons d'abord ce qui nous arrive.

TAPIN.

Monsieur...

DUBOIS.

Qu'y a-t-il, maître Tapin, et d'où vient cet air ébouriffé?

TAPIN.

Une chose fort importante.

DUBOIS.

A-t-elle rapport à cet homme?

TAPIN.

Non.

DUBOIS, à Oven.

Va-t'en, alors...

OVEN.

Merci!... car mon maître ne peut tarder à arriver.

DUBOIS.

C'est bien, et, quand il sera arrivé, s'il écrit...

OVEN.

S'il écrit?...

DUBOIS.

Souviens-toi que je suis on ne peut plus curieux de voir son écriture, et que les lettres se payent, elles, sans condition.

OVEN.

J'obéirai.

(Il sort.)

SCÈNE VI

DUBOIS, TAPIN.

DUBOIS.

Voyons maintenant, qu'y a-t-il, maître Tapin ?

TAPIN.

Il y a, monsieur, qu'au milieu de la chasse, monseigneur a disparu.

DUBOIS.

Comment, il a disparu ?...

TAPIN.

Oui.

DUBOIS.

Et on ne l'a pas revu à Saint-Germain ?

TAPIN.

Non ; et l'homme qui m'apporte cette nouvelle, et qui arrive à franc étrier, croit que monseigneur a pris la route de Rambouillet.

DUBOIS.

Tapin, je tiens tout !

TAPIN.

Je me doutais bien qu'en vous disant...

DUBOIS.

Tapin, cette jeune fille qui arrive des Ursulines de Clisson...

TAPIN.

Quelle jeune fille ?...

DUBOIS.

Je sais ce que je dis... Au-devant de laquelle on a envoyé madame Desroches...

TAPIN.

Madame Desroches ?...

DUBOIS.

Oui, sa confidente. Ce grand seigneur que madame Bernard attend de Paris.

TAPIN.

Madame Bernard attend un grand seigneur ?...

DUBOIS.

C'est lui ; le rendez-vous est à Rambouillet. Silence ! on vient.

SCÈNE VII

Les Mêmes, MADAME BERNARD.

MADAME BERNARD.
Monsieur, monsieur, voici ces dames qui arrivent.
DUBOIS.
Eh bien, faites-les entrer.
MADAME BERNARD.
Mais vous?...
DUBOIS.
Oh! moi, vous trouverez bien un petit coin où me mettre; je ne tiens pas grande place; et, pourvu que je puisse tout voir et tout entendre...
MADAME BERNARD.
Dans ce cabinet?
DUBOIS.
A merveille!... Allez chercher vos voyageuses, madame Bernard. (A Tapin.) Donne-moi ce manteau.
MADAME BERNARD, au fond.
Par ici, mesdames, s'il vous plait.

(Elle sort.)

DUBOIS, vivement.
Tu connais la disposition de ce pavillon, n'est-ce pas?
TAPIN.
Parfaitement: il donne d'un côté sur la rue, de l'autre sur une ruelle déserte.
DUBOIS.
Et l'on ne peut entrer que par la cour?
TAPIN.
A moins que, comme nous, on n'entre par les fenêtres.
DUBOIS.
Des hommes dans la rue, des hommes dans la cour, des hommes dans la ruelle, déguisés en palefreniers, en marchands forains, en Savoyards; qu'il n'y ait que monseigneur qui puisse pénétrer ici; il y va de la vie de Son Altesse royale.
MADAME BERNARD.
Entrez, mesdames, entrez.

(Dubois sort par une porte, Tapin par l'autre.)

SCÈNE VIII

MADAME BERNARD, HÉLÈNE, MADAME DESROCHES.

Elles entrent par la porte du fond.

MADAME DESROCHES.

Venez, mademoiselle, venez.

HÉLÈNE.

C'est ici que nous devons passer la nuit, madame?

MADAME DESROCHES.

Oui, et d'avance, ce matin, j'avais retenu votre logement.

HÉLÈNE.

C'est trop de bonté!

MADAME BERNARD.

Ces dames trouveront le souper servi dans la chambre à côté.

HÉLÈNE.

Merci, nous avons dîné à Épernon.

MADAME BERNARD.

Mademoiselle ne désire-t-elle rien?

HÉLÈNE.

Une plume, du papier et de l'encre; je voudrais écrire.

MADAME BERNARD.

Voilà sur cette table tout ce que vous désirez.

HÉLÈNE.

Puis-je disposer de ce salon?

MADAME BERNARD.

Il est à vous, mademoiselle, et, si vous voulez vous débarrasser de votre coiffe...

HÉLÈNE.

Voici.

MADAME BERNARD.

Laquelle des deux chambres préfère mademoiselle?

HÉLÈNE, à madame Desroches.

Voyez, madame, et choisissez pour moi.

(Madame Bernard et madame Desroches visitent les chambres.)

HÉLÈNE, seule un instant.

C'est bien le moins que je lui écrive un mot. Pauvre Gaston! il comptait m'accompagner jusqu'à Paris, lorsque l'arrivée de cette femme nous a séparés tout à coup. Peut-être ai-je tort, cependant; mais il est si triste! mais il semble si malheureux!

MADAME DESROCHES, rentrant.

Celle-ci me paraît la plus commode; préparez-la donc pour mademoiselle de Chaverny; l'autre sera bonne pour moi.

SCÈNE IX

HÉLÈNE, MADAME DESROCHES.

HÉLÈNE.

Mais il me semble, au contraire...

MADAME DESROCHES.

Mademoiselle, j'ai l'ordre d'avoir pour vous les soins les plus grands, et, tant qu'il sera en mon pouvoir, je me conformerai à cet ordre.

HÉLÈNE.

En vérité, madame, je ne sais comment vous remercier de toutes vos prévenances.

MADAME DESROCHES.

Mademoiselle, c'est un devoir que j'accomplis, et mes instructions me sont tracées à l'avance.

HÉLÈNE.

Par qui?

MADAME DESROCHES.

Par la personne qui, de loin, a veillé sur vous jusqu'aujourd'hui, avec une tendresse de père; par la personne qui a écrit à la supérieure du couvent de Clisson, pour lui annoncer qu'elle vous attendait, et qui m'a envoyée près de vous pour vous préparer à la voir.

HÉLÈNE.

Et cette personne, ne puis-je donc savoir qui elle est, madame?

MADAME DESROCHES.

C'est quelqu'un qui vous aime de toute son âme : vous n'en doutez point, je l'espère?

HÉLÈNE.

Oh! non, et, si j'en doutais, je serais bien ingrate. Et l'on m'attend à Paris?

MADAME DESROCHES.

Non, on n'a pas eu le courage d'attendre; on vient au-devant de vous.

HÉLÈNE.

Ici?

MADAME DESROCHES.

Ici.

HÉLÈNE.

Et je verrai bientôt celui...?

MADAME DESROCHES.

Vous le verrez ce soir.

HÉLÈNE, mettant la main sur son cœur.

Oh! mon Dieu!

MADAME DESROCHES.

Mademoiselle...

HÉLÈNE.

Oh! c'est étrange, ce que je ressens!

MADAME DESROCHES.

Éprouvez-vous donc tant de frayeur de vous trouver près de quelqu'un qui vous aime?

HÉLÈNE.

Ce n'est point de la frayeur, madame; c'est du saisissement. Je n'étais pas prévenue que ce fût pour ce soir, et cette nouvelle, si importante, m'a causé une singulière émotion.

MADAME DESROCHES.

Vous n'avez aucune répugnance à recevoir cette personne?

HÉLÈNE.

Oh! tout au contraire, madame.

MADAME DESROCHES.

Eh bien, un dernier mot.

HÉLÈNE.

Dites.

MADAME DESROCHES.

Cette personne est forcée de s'entourer du plus profond mystère.

HÉLÈNE.

Pourquoi cela?

MADAME DESROCHES.

Vous savez qu'il est des questions auxquelles il m'est défendu de répondre.

HÉLÈNE.
Mon Dieu, que signifient donc de pareilles précautions?
MADAME DESROCHES.
Elles sont nécessaires, croyez-le bien.
HÉLÈNE.
Mais enfin, madame, en quoi consistent-elles?
MADAME DESROCHES.
D'abord, vous ne pouvez voir le visage de cette personne; car, si vous la rencontrez plus tard, elle ne doit pas être reconnue de vous.
HÉLÈNE.
Alors, elle viendra donc masquée?
MADAME DESROCHES.
Non, mademoiselle; mais on éteindra toutes les lumières.
HÉLÈNE.
Vous resterez avec moi, madame Desroches?
MADAME DESROCHES.
Cela m'est expressément défendu, mademoiselle.
HÉLÈNE.
Mais, pour vous conformer ainsi aux désirs de cette personne, vous lui devez donc l'obéissance la plus absolue?
MADAME DESROCHES.
C'est un des plus grands seigneurs de France.
HÉLÈNE.
Et ce seigneur est mon parent?
MADAME DESROCHES.
Le plus proche.
HÉLÈNE.
Au nom du ciel, madame, ne me laissez point dans une pareille incertitude!
MADAME DESROCHES.
J'ai déjà eu l'honneur de vous dire, mademoiselle, qu'il existait certaines questions auxquelles il m'était absolument défendu de répondre.
HÉLÈNE.
Oh! vous me quittez?...
MADAME DESROCHES.
Je viens d'entendre une voiture entrer dans la cour.
HÉLÈNE.
Et cette voiture?...

MADAME DESROCHES.

Amène, sans aucun doute, celui que nous attendons.

HÉLÈNE.

Mais, madame...

MADAME DESROCHES, prenant les deux bougies.

Mademoiselle, il faut que je suive mes instructions.

(Elle sort avec une grande révérence et ferme la porte.)

SCÈNE X

HÉLÈNE, puis DUBOIS.

HÉLÈNE.

Oh! il faut qu'il sache tout ce qui m'arrive, je le lui ai promis; mais comment faire pour écrire dans l'obscurité?... Ah! ces tablettes, ce crayon. (Elle écrit.) « La personne qui me fait venir de Bretagne, au lieu de m'attendre à Paris, vient elle-même au-devant de moi, tant elle est, dit-elle, impatiente de me voir. Je pense qu'elle repartira cette nuit; guettez son départ, et présentez-vous chez moi derrière elle. » (Appelant.) Quelqu'un! Holà! quelqu'un!

DUBOIS, sortant du cabinet, à part.

Oh! mon Dieu!... et Tapin que j'ai renvoyé!...

HÉLÈNE.

Holà! quelqu'un! (Apercevant Dubois.) Vous êtes attaché à l'hôtel?

DUBOIS.

Moi?... Oui, mademoiselle.

HÉLÈNE.

Pouvez-vous porter ces tablettes à M. Gaston de Chanley, un jeune homme qui arrive de Bretagne et qui loge dans l'hôtel en face?

DUBOIS.

Dans cinq minutes, il les aura.

HÉLÈNE.

Allez, mon ami; voici pour votre peine.

DUBOIS.

Un écu? Je n'ai pas toujours été si bien payé!

HÉLÈNE.

On vient, dépêchez-vous.

DUBOIS.

Je n'entendrai pas ce qu'ils diront ; mais je saurai autre chose qui le vaudra bien.

(Hélène pousse la porte sur lui. On entend la voix du Régent au dehors.)

LE RÉGENT.

Elle est là ?

MADAME DESROCHES.

Oui, monseigneur.

LE RÉGENT.

Seule ?

MADAME DESROCHES.

Oui, monseigneur.

LE RÉGENT.

Prévenue de mon arrivée ?

MADAME DESROCHES.

Oui, monseigneur.

HÉLÈNE.

Monseigneur ! que dit-elle donc là ?...

SCÈNE XI

HÉLÈNE, LE RÉGENT.

LE RÉGENT.

Mademoiselle, êtes-vous dans cette chambre ?

HÉLÈNE.

Oui, mon... Dois-je dire monsieur ? dois-je dire monseigneur ?...

LE RÉGENT.

Dites mon ami, Hélène.

(Il lui tend sa main, qui touche celle de la jeune fille.)

HÉLÈNE.

Oh ! mon Dieu !

LE RÉGENT.

Vous êtes effrayée ?

HÉLÈNE.

Je l'avoue. Madame Desroches, êtes-vous là ?

LE RÉGENT.

Madame Desroches, dites à mademoiselle qu'elle est aussi en sûreté près de moi que dans un temple, devant Dieu.

MADAME DESROCHES, entr'ouvrant la porte.

Un mot de Votre Altesse suffira, je l'espère.

(Elle referme la porte.)

HÉLÈNE.

De Votre Altesse! Ah! monseigneur, je tombe à vos pieds; pardonnez-moi!...

LE RÉGENT.

Voyons, qu'avez-vous?... est-ce que je vous fais peur, chère enfant?...

HÉLÈNE.

Non; mais, en touchant votre main, en sentant votre main touchant la mienne, une sensation étrange, inconnue...

LE RÉGENT.

Oh! parlez-moi, Hélène; je sais déjà que vous êtes belle; mais c'est la première fois que j'entends le son de votre voix.. Parlez, je vous écoute.

HÉLÈNE.

Vous m'avez donc vue?...

LE RÉGENT.

Vous rappelez-vous qu'il y a six mois, la supérieure de votre couvent fit faire votre portrait?

HÉLÈNE.

Oui, je m'en souviens, par un peintre qui arrivait de Paris.

LE RÉGENT.

C'est moi qui l'avais envoyé.

HÉLÈNE.

Vous, monsieur?

LE RÉGENT.

Oui, moi!

HÉLÈNE.

Et quel intérêt pouviez-vous avoir...?

LE RÉGENT.

Hélène, je suis le meilleur ami de votre père.

HÉLÈNE.

De mon père! mon père est donc vivant?...

LE RÉGENT.

Oui.

HÉLÈNE.

Et je le verrai un jour?...

LE RÉGENT.

Peut-être.

HÉLÈNE.

Oh! soyez béni, vous qui m'apportez cette bonne nouvelle! Mais comment mon père a-t-il tant tardé à s'informer de sa fille?

LE RÉGENT.

Il avait de vos nouvelles tous les mois, et, quoique loin de vous, il veillait sur vous.

HÉLÈNE.

Et cependant, depuis dix-huit ans, il ne m'a point vue.

LE RÉGENT.

Croyez qu'il lui a fallu des considérations de la plus haute importance pour qu'il se privât de ce bonheur.

HÉLÈNE.

Je vous crois, monsieur... Ce n'est point à moi d'accuser mon père.

LE RÉGENT.

Mais c'est à vous de lui pardonner, s'il s'accuse.

HÉLÈNE.

Lui pardonner!

LE RÉGENT.

Oui; et ce pardon qu'il ne peut vous demander lui-même, je viens le réclamer en son nom.

HÉLÈNE.

Monsieur, je ne vous comprends pas!

LE RÉGENT.

Asseyez-vous, et écoutez-moi, mon enfant.

HÉLÈNE.

J'écoute.

LE RÉGENT.

Votre main?

HÉLÈNE.

La voici.

LE RÉGENT.

Votre père avait un commandement à l'armée de Flandre pendant la bataille de Nerwinde, où il avait chargé à la tête de la maison du roi; un de ses écuyers, nommé M. de Chaverny, tomba près de lui, frappé d'une balle. Votre père voulut le secourir; mais le blessé lui dit en secouant la tête : « Ce n'est pas à moi qu'il faut songer, c'est à ma fille. » Votre père lui serra la main en signe de promesse, et le blessé, qui s'était soulevé sur un genou, retomba et mourut, comme s'il n'eût attendu que cette assurance pour fermer les yeux! Vous m'écoutez, n'est-ce pas, Hélène?

HÉLÈNE.

Oh! oui, je vous écoute!

LE RÉGENT.

En effet, après la campagne, le premier soin de votre père fut de s'informer de la petite orpheline. C'était une charmante enfant de dix à onze ans, à laquelle la mort de M. de Chaverny enlevait tout appui et toute fortune. Votre père la fit entrer dans un couvent, et annonça par avance que, lorsque l'âge de la pourvoir serait venu, il se chargerait de sa dot.

HÉLÈNE.

Je vous remercie, mon Dieu! de m'avoir faite la fille d'un homme qui tenait si fidèlement sa promesse!

LE RÉGENT.

Attendez, Hélène. Votre père, en effet, comme il s'y était engagé, veilla sur l'orpheline, qui atteignit ainsi sa dix-huitième année. L'enfant était devenue une adorable jeune fille, belle et pure comme vous, Hélène; votre père sentit qu'il commençait à aimer sa pupille plus qu'il ne convenait à un tuteur; il chargea la supérieure de s'informer, et apprit qu'un gentilhomme de Bretagne, dont la sœur était au même couvent qu'elle, était amoureux de mademoiselle de Chaverny, et recherchait sa main... Il pria aussitôt l'abbesse de consulter sa pensionnaire sur ce mariage.

HÉLÈNE.

Eh bien, monsieur?...

LE RÉGENT.

Eh bien, Hélène, l'étonnement de votre père fut grand, lorsqu'il apprit, de la bouche même de la supérieure, que mademoiselle de Chaverny avait répondu qu'elle ne voulait pas se marier, que son seul désir était de rester dans le couvent où elle avait été élevée, et que le jour le plus heureux de sa vie serait celui où elle y prononcerait ses vœux.

HÉLÈNE.

Et que signifiait ce refus?...

LE RÉGENT.

Mademoiselle de Chaverny aimait votre père, Hélène. Il l'apprit d'elle-même, au moment où il la suppliait de changer de résolution. Hélas! fort contre son propre amour, tant qu'il n'avait pas cru son amour partagé, il n'eut pas le courage de tenir sa promesse. Ils étaient si jeunes tous les deux! votre mère avait dix-huit ans; votre père en avait vingt-cinq. Ils oublièrent le monde entier pour ne se souvenir que d'une chose : c'est qu'ils pouvaient être heureux !

HÉLÈNE.

Mais, puisqu'ils s'aimaient ainsi, pourquoi ne se mariaient-ils point?

LE RÉGENT.

Parce que toute union était impossible entre eux, à cause de la distance qui les séparait. Ne vous a-t-on pas dit, Hélène, que votre père était un grand seigneur?...

HÉLÈNE.

Hélas! oui, je le sais.

LE RÉGENT.

Au bout d'un an, Hélène, votre mère mourut en vous donnant le jour!

HÉLÈNE.

O ma mère! ô ma pauvre mère!

LE RÉGENT.

Oui, pleurez, Hélène, pleurez votre mère; car c'était une sainte et digne femme, dont, à travers ses chagrins, ses plaisirs, ses folies peut-être, votre père lui-même a gardé un noble souvenir; aussi reporte-t-il sur vous tout l'amour qu'il avait pour elle! Si bien qu'aujourd'hui même, quand il a su que vous deviez arriver à Rambouillet, il n'a pas eu la patience de vous attendre à Paris. Il a ordonné une chasse à Saint-Germain; puis, abandonnant la chasse, il est venu au-devant de vous... et, caché sur la route que vous suiviez...

HÉLÈNE.

Ah! mon Dieu! serait-il vrai?...

LE RÉGENT.

En vous voyant, Hélène, il a cru revoir votre mère : même âge, même candeur, même beauté! Soyez plus heureuse qu'elle, Hélène; c'est ce que, du plus profond de son cœur, il demande au ciel!

HÉLÈNE.

Oh! mon Dieu! cette émotion dans la voix! cette main, cette main qui tremble dans la mienne! Monsieur!... monsieur!... vous avez dit que mon père était venu au-devant de moi?

LE RÉGENT.

Oui.

HÉLÈNE.

Ici, à Rambouillet?

LE RÉGENT.

Oui.

HÉLÈNE.

Et qu'il a été heureux de me revoir?

LE RÉGENT.

Oui, oh! oui, bien heureux!

HÉLÈNE.

Mais ce bonheur ne lui a pas suffi, n'est-ce pas? Il a voulu encore me parler, il a voulu me dire lui-même l'histoire de ma naissance, il a voulu que je puisse le remercier de son amour, tomber à ses genoux et lui demander sa bénédiction? (Tombant à genoux.) Je suis à vos genoux, bénissez-moi, mon père!...

LE RÉGENT.

Hélène! mon enfant! ma fille! ton cœur t'a donc tout dit?... ton amour a donc tout deviné?... Oh! pas à mes genoux... dans mes bras!... dans mes bras!...

HÉLÈNE.

O mon père! mon père!...

LE RÉGENT.

Ah! j'étais venu dans une autre intention; j'étais venu décidé à tout nier, à rester un étranger pour toi; mais, en te sentant là, près de moi, en écoutant ta voix si douce, je n'en ai pas eu la force...

HÉLÈNE.

Mon père!...

LE RÉGENT.

Seulement, Hélène, ne me fais pas repentir de ma faiblesse... et qu'un secret éternel...

HÉLÈNE.

Je vous le jure par ma mère!

LE RÉGENT.

Adieu, mon Hélène!

HÉLÈNE.

Oh! vous me quittez déjà!...

LE RÉGENT.
Il le faut! je dois être à Paris avant minuit.
HÉLÈNE.
Et quand vous reverrai-je?...
LE RÉGENT.
Le plus tôt que je pourrai. En attendant, suivez madame Desroches avec toute confiance, Hélène.
HÉLÈNE.
Oui, mon père.
LE RÉGENT.
Au revoir, Hélène! au revoir, mon enfant!
HÉLÈNE.
Dieu vous garde, mon père!
LE RÉGENT, à madame Desroches en sortant.
Madame Desroches, je vous la recommande.
MADAME DESROCHES.
Soyez tranquille, monseigneur.
LE RÉGENT, tendant les bras à Hélène.
Encore!... encore!...

(Il sort.)

SCÈNE XII

MADAME DESROCHES, HÉLÈNE, puis MADAME BERNARD.

MADAME DESROCHES.
Eh bien, mademoiselle, vous voilà contente, j'espère?
HÉLÈNE.
Je suis plus que contente, madame, je suis heureuse!
MADAME DESROCHES.
Et vous me suivrez à Paris avec joie?
HÉLÈNE.
Avec bonheur! Quand partons-nous?
MADAME DESROCHES.
Demain matin.
HÉLÈNE.
Demain matin! (A part.) Et Gaston?
MADAME BERNARD, annonçant.
M. de Livry.
HÉLÈNE.
C'est bien; dites à M. de Livry que je l'attends.

MADAME DESROCHES.

Pardon, mademoiselle; mais qu'est-ce que M. de Livry?

HÉLÈNE.

Un ami à moi, madame, un compatriote auquel je dois dire adieu avant de le quitter probablement pour toujours!

MADAME DESROCHES.

Je vous préviens, mademoiselle, que je serai obligée de rendre compte à votre père...

HÉLÈNE.

A merveille, madame; faites votre devoir, je ferai le mien. Veuillez avoir la bonté de me laisser.

(Madame Desroches sort.)

SCÈNE XIII

HÉLÈNE, GASTON.

HÉLÈNE.

Vous voilà, mon ami! Je vous attendais... Venez, Gaston! jugez de ma joie... J'ai retrouvé mon père!

GASTON.

Votre père! Quoi! ce grand seigneur qui est venu au-devant de vous...?

HÉLÈNE.

C'était mon père, Gaston!

GASTON.

Ah! chère Hélène, croyez que je partage votre joie, votre bonheur; en ce moment surtout où je craignais tant de vous laisser isolée!... Un père, Hélène! un père qui veillera sur mon amie, sur ma femme! Mais, voyons, êtes-vous contente? Votre père, pouvez-vous être fière de lui?

HÉLÈNE.

Oh! oui; son cœur paraît noble et sa voix est douce et harmonieuse.

GASTON.

Sa voix! mais vous ressemble-t-il, Hélène?... avez-vous surpris quelques traits de famille entre vous et lui?

HÉLÈNE.

Je ne saurais vous dire : je ne l'ai pas vu.

GASTON.

Vous ne l'avez pas vu?...

HÉLÈNE.

Non, sans doute : il faisait nuit!

GASTON.

Vous ne l'avez pas vu ici? Mais, à la lueur de ces candélabres, cependant...

HÉLÈNE.

Ils étaient éteints!

GASTON.

Ils étaient éteints?...

HÉLÈNE.

Oui; mon père, à ce qu'il paraît, a des raisons pour se cacher.

GASTON.

Que me dites-vous là, Hélène?...

HÉLÈNE.

La vérité.

GASTON.

Cette vérité m'effraye, je vous l'avoue. De quoi vous a parlé votre père?...

HÉLÈNE.

Du grand amour qu'il a pour moi. Il m'a dit qu'il voulait que je vécusse heureuse, qu'il allait faire cesser toute l'incertitude de mon sort passé.

GASTON.

Paroles, paroles que tout cela!

HÉLÈNE.

Paroles! que voulez-vous dire?

GASTON.

Hélène, Hélène, vous êtes abusée!... vous êtes victime de quelque piége, Hélène... Cet homme qui se cache, cet homme qui craint la lumière, cet homme qui vous appelle sa fille, ce n'est point votre père.

HÉLÈNE.

Gaston, vous me brisez le cœur!

GASTON.

Oh! ce grand seigneur inconnu, je saurai qui il est, je vous le jure; je saurai si je dois tomber à ses genoux et l'appeler mon père, ou le tuer comme un infâme!

HÉLÈNE.

Gaston, ici, je vous arrête, car votre raison s'égare. Que dites-vous là? qui peut vous faire soupçonner une si affreuse trahison? Gaston, vous avez eu sur mon père une mauvaise pensée dont vous me demanderez pardon plus tard.

GASTON.

Dieu le veuille!

HÉLÈNE.

Ami, ayez pitié de moi!... ne me gâtez pas la seule joie pure et complète que j'aie encore goûtée! n'empoisonnez pas, pour moi, le bonheur d'une vie que j'ai si souvent gémi de passer solitaire, abandonnée, sans autre affection que celle dont le ciel nous commande d'être avare! Que l'amour filial me vienne en dédommagement des remords que j'éprouve parfois de vous aimer avec une pareille idolâtrie!

GASTON.

Pardonnez-moi, Hélène; oui, je souille par mes soupçons vos joies si pures et l'affection, peut-être si noble, que vous croyez avoir retrouvée.

HÉLÈNE.

Mais enfin, Gaston, qu'y a-t-il dans cette entrevue qui puisse vous effrayer? Constamment il a été un père pour moi.

GASTON.

Un père! Ce n'est pas la première fois que les passions criminelles du monde spéculent sur l'innocente crédulité. Se hâter de vous témoigner un amour coupable était une de ces maladresses dont ces habiles corrupteurs, qui causent ma défiance, sont incapables; mais écoutez bien ceci: Déraciner peu à peu la vertu dans votre cœur, vous séduire par un luxe inconnu, vous éblouir par des lueurs toujours brillantes à votre âge, accoutumer votre esprit au plaisir, vos sens à des impressions nouvelles; vous tromper enfin par la persuasion, c'est une plus douce victoire que celle qui résulte de la violence. Écoutez un peu ma prudence de vingt-cinq ans, chère Hélène; je dis ma prudence, quoique ce soit mon amour qui parle, mon amour que vous verriez si humble, si dévoué au moindre signe d'un père que je saurais être un véritable père pour vous.

HÉLÈNE.

Mon Dieu! qui croire, de lui ou de mon cœur?

GASTON.

Croyez-nous tous deux, Hélène, je vous en supplie; à partir de ce moment, surveillez tout ce qui vous entoure; examinez les objets dont on vous environne, étudiez les portes, sondez les murailles, défiez-vous des parfums qui brûleront dans vos cassolettes, défiez-vous du vin doré qu'on vous offrira, défiez-vous du sommeil qui vous sera promis ; veillez sur vous, Hélène, sur vous qui êtes mon bonheur, mon honneur, ma vie !

HÉLÈNE.

Silence, Gaston !... j'entends du bruit... Madame Desroches sans doute...

GASTON.

Vous savez où m'écrire ?... A monsieur de Livry, rue des Bourdonnais, hôtel des *Trois Couronnes*.

HÉLÈNE.

Oui, Gaston, je vous obéirai ; et j'espère que cela ne m'empêchera point d'aimer mon père !

(Gaston lui baise la main ; madame Desroches ouvre la porte du fond, Gaston fait un salut, Hélène une révérence.)

ACTE DEUXIÈME

L'intérieur d'une hôtellerie élégante. A droite, au premier plan, une fenêtre ; au deuxième plan, une porte ; au fond, l'entrée principale. A gauche, au deuxième plan, une porte latérale ; au premier plan, en face de la porte, une armoire prise dans la boiserie.

SCÈNE PREMIÈRE

UN GARDE FRANÇAISE, seul, ouvrant la porte du fond et regardant autour de lui.

« Rue des Bourdonnais, hôtel des *Trois Couronnes*, dans la salle commune, une table à gauche, s'asseoir et attendre... » Les instructions ne sont pas difficiles. Asseyons-nous et attendons.

(Il s'assied.)

SCÈNE II

Premier Garde française, assis; un deuxième Garde, apparaissant sur le seuil de la porte.

DEUXIÈME GARDE, même jeu que le premier.

« Rue des Bourdonnais, hôtel des *Trois Couronnes*, dans la salle commune, une table à gauche, s'asseoir et attendre... » Ah! diable! la place est déjà prise. Ah! mais, au fait, il en reste une.

(Il s'assied en face du premier.

LES DEUX SOLDATS, se regardant.

Ah! ah!

PREMIER GARDE.

C'est toi, Boisjoli?

DEUXIÈME GARDE.

C'est toi, Rameau-d'or?

PREMIER GARDE.

Que viens-tu faire dans cet hôtel?

DEUXIÈME GARDE.

Et toi?

PREMIER GARDE.

Je n'en sais rien!

DEUXIÈME GARDE.

Ni moi non plus!

PREMIER GARDE.

Tu es donc ici...?

DEUXIÈME GARDE.

Par ordre supérieur.

PREMIER GARDE.

Tiens, c'est comme moi!

DEUXIÈME GARDE.

Et tu attends...?

PREMIER GARDE.

Un homme qui doit venir...

DEUXIÈME GARDE.

Avec le mot d'ordre.

PREMIER GARDE.

Et sur ce mot d'ordre?...

DEUXIÈME GARDE.

Injonction d'obéir au capitaine.

PREMIER GARDE.

C'est cela. Et, en attendant, on m'a donné une pistole pour boire.

DEUXIÈME GARDE.

On m'a donné la pistole aussi ; mais on ne m'a pas dit de boire, à moi.

PREMIER GARDE.

Et dans le doute ?

DEUXIÈME GARDE.

Dans le doute, je ne m'abstiens pas.

PREMIER GARDE.

En ce cas, buvons. (Frappant sur la table.) Hôtelier ! du vin !

L'HÔTELIER, entrant.

Voilà, messieurs.

SCÈNE III

Les Mêmes, l'Hôtelier, LE CAPITAINE LA JONQUIÈRE, sortant de sa chambre au moment où l'Hôtelier paraît.

LA JONQUIÈRE, arrêtant l'Hôtelier.

Un instant, l'ami ; avance à l'ordre.

L'HÔTELIER, aux Gardes.

Messieurs, vous excusez ?...

PREMIER GARDE.

C'est bien ; à tout seigneur, tout honneur !

DEUXIÈME GARDE, tirant un jeu de cartes de sa poche.

D'ailleurs, voilà pour nous faire prendre patience.

(Le premier Garde tire un cornet et des dés ; après un instant de discussion muette, on se décide pour les dés, et les deux Soldats jouent.)

LA JONQUIÈRE, à l'Hôtelier.

Écoute-moi bien : je sors pour un instant ; j'attends de minute en minute un jeune homme qui m'a donné rendez-vous ici ; ce qui fait que, pour ne pas manquer à ce rendez-vous, je suis venu loger chez toi. Si ce jeune homme vient, tu lui diras que je l'ai attendu jusqu'à dix heures, et que je rentre dans vingt minutes.

L'HÔTELIER.

Oui, capitaine.

(Il va pour s'éloigner.)

LA JONQUIÈRE, le rattrapant.

Attends donc.

L'HÔTELIER, aux Gardes.

Messieurs, ne vous impatientez pas!

PREMIER GARDE.

Fais tes affaires, mon brave homme, fais!

LA JONQUIÈRE.

Et, maintenant, comme j'ai à causer avec ce jeune homme de choses importantes et secrètes, fais-moi le plaisir de nous préparer un bon déjeûner dans ma chambre; un de ces déjeuners comme tu n'en fais pas, mais comme je veux qu'on m'en fasse, à moi. Et surtout, si tu tiens à tes oreilles, tâche que ton vin soit meilleur que celui d'hier.

L'HÔTELIER.

Comment! meilleur que celui d'hier? C'est pourtant du fier vin que celui que je vous ai donné.

LA JONQUIÈRE.

Oui, fier, c'est le mot. Il n'y manquait que de l'estragon. Ah çà! tu as entendu?...

L'HÔTELIER.

Parfaitement.

LA JONQUIÈRE.

Alors, à la besogne, et vivement! que tout cela soit prêt à mon retour. (Il rencontre à la porte Dubois, déguisé en bourgeois.) Ah! pardon, l'ami!

(Il sort.)

SCÈNE IV

Les Gardes, l'Hôtelier, DUBOIS.

DUBOIS, entrant, la main sur le front.

Il n'y a pas de quoi, monsieur, il n'y a pas de quoi; vous avez manqué me fendre le front, voilà tout. Heureusement que, dans la famille, nous avons la tête dure.

L'HÔTELIER.

Pardon, monsieur, mais que demandez-vous?...

DUBOIS.

Je désire parler au maître de céans.

L'HÔTELIER.

C'est moi, monsieur.

DUBOIS.

Ah! c'est vous?... c'est vous le maitre de l'hôtel des *Trois Couronnes?*

L'HÔTELIER.

Moi-même.

DUBOIS.

En ce cas, je voudrais vous dire deux mots.

L'HÔTELIER, aux Gardes.

Excusez-nous, messieurs?...

PREMIER GARDE.

Oui; mais que ça ne dure pas trop longtemps, cependant.

L'HÔTELIER.

Dans cinq minutes.

DUBOIS.

N'avez-vous pas chez vous, depuis hier au soir, un certain capitaine?...

L'HÔTELIER.

Le capitaine La Jonquière?

DUBOIS.

C'est cela.

L'HÔTELIER.

Un brave officier?

DUBOIS.

C'est cela.

L'HÔTELIER.

Buvant sec?

DUBOIS.

C'est cela.

L'HÔTELIER.

Et toujours prêt à jouer de la canne quand on ne fait pas à l'instant ce qu'il demande?

DUBOIS.

C'est cela! ce brave capitaine La Jonquière!

L'HÔTELIER.

Vous le connaissez donc?

DUBOIS.

Moi? Pas le moins du monde.

L'HÔTELIER.

Ah! c'est vrai! puisque, tout à l'heure, vous venez de le rencontrer à la porte.

DUBOIS, vivement.

Comment! c'est lui?

L'HÔTELIER.

Oh! mon Dieu, oui! il sortait comme vous entriez.

DUBOIS.

Mais il va revenir, sans doute?

L'HÔTELIER.

Dans un quart d'heure.

DUBOIS.

C'est bien; alors, j'attendrai. Et où loge-t-il?

L'HÔTELIER.

Voilà la porte de sa chambre; il a préféré celle-là, parce qu'elle a une sortie sur la rue des Deux-Boules.

PREMIER GARDE.

Eh bien, voyons, et ce vin?...

L'HÔTELIER, sortant.

Je vais le chercher, messieurs, je vais le chercher.

(Il sort; Dubois le suit des yeux. Dès que la porte s'est refermée, il s'approche des deux Soldats et change de ton et de manières.)

SCÈNE V

LES GARDES, DUBOIS, puis UN OFFICIER, puis L'HOTELIER.

DUBOIS.

Alerte, vous autres!

DEUXIÈME GARDE.

Hein, qu'y a-t-il, bourgeois?

DUBOIS.

France et régent!

LES SOLDATS, se levant ensemble et portant la main au chapeau.

Le mot d'ordre!

PREMIER GARDE.

Que faut-il faire?

DUBOIS, montrant la chambre du Capitaine.

Entrez dans cette chambre... Pas de bruit... Entrez vite.

(Les deux Gardes entrent dans la chambre.)

DUBOIS, appelant.

Capitaine!...

L'OFFICIER, paraissant.

Que voulez-vous, monseigneur ?

DUBOIS, à l'Officier.

Faites approcher le carrosse de la petite porte que je vous ai montrée en venant, et qui donne dans la rue des Deux-Boules. On y portera un homme bâillonné. Qu'on ne lui fasse pas le moindre mal... Vous direz que c'est moi, moi, Dubois, qui l'ordonne !

(L'Officier sort. — On entend le bruit d'une voiture qui s'éloigne.)

L'HÔTELIER, entrant.

Voici, messieurs, voici. Eh bien, où sont-ils donc ?

DUBOIS.

Qui cela ? vos gardes françaises ?

L'HÔTELIER.

Oui.

DUBOIS.

Partis ! vous tardiez trop ; ils se sont impatientés.

L'HÔTELIER.

Comment ! partis sans payer ?

DUBOIS.

Ils n'ont rien pris !

L'HÔTELIER.

Oui ; mais ils ont eu l'intention de prendre.

DUBOIS.

Malheureusement, mon cher ami, dans ce cas-là, l'intention n'est pas réputée pour le fait. D'ailleurs, consolez-vous, il y a le capitaine La Jonquière sur qui vous vous rattraperez.

L'HÔTELIER.

Eh bien, voulez-vous que je vous dise une chose ?

DUBOIS.

Dites.

L'HÔTELIER.

J'ai encore peur que le capitaine La Jonquière ne soit une triste pratique.

DUBOIS.

Bah ! est-ce qu'il ne mange pas ?

L'HÔTELIER.

Lui ! ne pas manger ? Il mange comme quatre

DUBOIS.

Est-ce qu'il ne boit pas ?

L'HÔTELIER.

Il boit comme six!

DUBOIS.

Eh bien, alors?

L'HÔTELIER.

Alors, c'est justement ce qui m'inquiète... Et s'il ne paye pas?

DUBOIS.

Et pourquoi ne payerait-il pas?

L'HÔTELIER.

Dame, parce qu'il ne me paraît pas cousu d'argent!

DUBOIS.

Eh bien, s'il n'en a pas, je lui en apporte.

L'HÔTELIER.

Vous lui en apportez?

DUBOIS.

Oui.

L'HÔTELIER.

Vous?

DUBOIS.

Moi.

L'HÔTELIER.

Et une somme un peu ronde?

DUBOIS.

Cinquante louis.

L'HÔTELIER.

Asseyez-vous donc, monsieur.

DUBOIS.

Non, merci; je préfère entrer chez le capitaine, puisque vous dites qu'il sera ici dans dix minutes. (Faisant un pas vers la porte et revenant.) A propos!... surtout ne lui dites rien, ne le prévenez de rien... Ce remboursement, c'est une petite surprise que je veux lui faire.

L'HÔTELIER.

Soyez tranquille.

DUBOIS.

C'est bien... c'est bien... ne vous dérangez pas!

(Il sort.)

SCÈNE VI

L'HÔTELIER, puis GASTON.

L'HÔTELIER.

Eh bien, mais il a l'air d'un fort brave homme, ce monsieur!... Si je pouvais trouver quelqu'un qui fût disposé à me rapporter une cinquantaine de louis, cela me ferait plaisir!

GASTON, entrant.

Vous êtes le maître de l'auberge des *Trois Couronnes?*

L'HÔTELIER.

Oui, monsieur.

GASTON.

Vous pouvez me donner une chambre dans votre hôtel, n'est-ce pas?

L'HÔTELIER.

Certainement.

GASTON.

Laquelle?

L'HÔTELIER, montrant la chambre en face de celle du Capitaine.

Celle-ci.

GASTON.

Vous n'en auriez pas une autre qui ne donnât point sur la salle commune?

L'HÔTELIER.

Non, monsieur; celle-ci est la dernière qui soit vacante dans tout l'hôtel.

GASTON.

Bien! je la prends; mais je désire une chose...

L'HÔTELIER.

Laquelle?

GASTON.

C'est que tout le monde ignore que je loge dans cet hôtel.

L'HÔTELIER.

On gardera le secret à monsieur.

GASTON.

Et cela, même vis-à-vis d'une personne avec laquelle vous me verrez quelquefois, et qui doit loger ici.

L'HÔTELIER.

Quelle est cette personne?

GASTON.

Le capitaine La Jonquière.

L'HÔTELIER.

Ah! monsieur connaît le capitaine La Jonquière? Le capitaine La Jonquière est des amis de monsieur?

GASTON.

Oui, amis comme on peut l'être quand on ne s'est jamais vu. Où loge-t-il?

L'HÔTELIER.

Là, monsieur.

GASTON.

Est-il visible?

L'HÔTELIER.

Il est sorti pour un instant; mais il m'a prévenu qu'il attendait quelqu'un, et c'est sans doute monsieur.

GASTON.

C'est bien! j'entre dans cette chambre; vous me préviendrez aussitôt son retour.

(Il entre dans la chambre à gauche.)

L'HÔTELIER.

Aussitôt... je n'y manquerai pas, soyez tranquille. (A lui-même.) En vérité, c'est une bénédiction, comme l'hôtel se remplit! c'est-à-dire que, s'il venait maintenant une seule personne, je ne saurais plus où la loger...

SCÈNE VII

L'HÔTELIER, TAPIN.

TAPIN, frappant sur l'épaule de l'Hôtelier.

Il me faut cependant une place, à moi!

L'HÔTELIER.

A vous?... Impossible! il n'y en a plus!

TAPIN.

On en trouvera.

L'HÔTELIER.

Dame, à moins de mettre quelqu'un dehors pour vous.

TAPIN, regardant autour de lui.

Inutile, je n'ai pas besoin d'une chambre.

L'HÔTELIER.

Et que vous faut-il donc?

TAPIN.

Une armoire, cela me suffira.

L'HÔTELIER.

Comment, une armoire?

TAPIN.

Oui, et celle-ci fera mon affaire à merveille.

L'HÔTELIER.

Ah çà! mais, dites donc, dites donc, qu'est-ce que cela signifie?

TAPIN, tirant un papier de sa poche.

Connais-tu cette signature?

L'HÔTELIER.

Voyer d'Argenson!

TAPIN.

Lieutenant général de la police du royaume.

L'HÔTELIER.

Alors, vous êtes donc...?

TAPIN.

M. Tapin, exempt du roi.

L'HÔTELIER.

Ah! mon Dieu, monsieur l'exempt, et que venez-vous faire ici?

TAPIN.

Cela ne te regarde pas.

L'HÔTELIER.

Mais à qui en voulez-vous?

TAPIN.

Que t'importe?

L'HÔTELIER.

Ce n'est point à moi que vous avez affaire?

TAPIN.

Imbécile! si c'était à toi, tu serais déjà à la Bastille.

L'HÔTELIER.

Mais que faut-il que je fasse?

TAPIN.

Il faut que tu te taises, quelque bruit que tu entendes, quelque chose qui se passe devant toi.

L'HÔTELIER.

Cependant...

TAPIN.

Vingt-cinq louis, si tu gardes le silence; le fort l'Évêque, si tu dis un mot.

(Il entre dans l'armoire.)

L'HÔTELIER.

J'ai la bouche cousue. (Apercevant La Jonquière.) Le capitaine!... Chut!...

SCÈNE VIII

LA JONQUIÈRE, L'HÔTELIER.

LA JONQUIÈRE.

Eh bien, mon brave, le déjeuner est-il prêt?... (L'Hôtelier fait signe que oui.) Dans ma chambre, comme je te l'ai dit? (L'Hôtelier fait signe que oui.) Et tu as tiré de ton meilleur? (L'Hôtelier fait signe que oui.) A merveille! il n'est venu personne pour moi? (L'Hôtelier fait signe que non.) C'est singulier, j'attendais un jeune homme, le chevalier Gaston de Livry; aussitôt qu'il sera arrivé, fais-le entrer dans ma chambre. (L'Hôtelier fait signe que oui.) Ah çà! mais es-tu devenu muet? (L'Hôtelier fait signe que oui.) Eh bien, en ce cas, tu sais la recette qu'ordonne le Médecin malgré lui : des rôties trempées dans le vin; mais dans le vrai vin, entends-tu!... Si tu n'en as pas, envoies-en donc chercher chez ton voisin... Au revoir.

SCÈNE IX

L'HÔTELIER, TAPIN.

L'HÔTELIER, se retournant du côté de l'armoire, qui s'entr'ouvre.
Est-ce cela?

TAPIN.

Très-bien.

L'HÔTELIER, écoutant du côté de la porte du Capitaine.
Mon Dieu!

(Il fait un pas vers la porte.)

TAPIN, passant entre lui et la porte, un pistolet à la main.
Tout beau!

L'HÔTELIER.

On dirait qu'on se bat?

TAPIN.

Silence ! (Ils restent tous deux immobiles. On entend le bruit d'une table que l'on renverse, puis le silence se rétablit. Tapin remet le pistolet dans sa poche.) Merci, mon ami, l'affaire est faite.

L'HÔTELIER.

Ah ! mon Dieu ! est-ce qu'ils l'ont tué ?

TAPIN.

Tué ? Allons donc !... bâillonné tout au plus.

L'HÔTELIER.

Ah !... Alors, mes vingt-cinq louis ?

TAPIN.

On te les apportera ce soir, si l'on est content de toi.

L'HÔTELIER.

Et, pour que l'on soit content de moi, que faut-il que je fasse ?

TAPIN.

Je te l'ai dit, il faut te taire.

L'HÔTELIER.

Mais, si le chevalier de Livry demande à voir le capitaine ?

TAPIN.

Eh bien, tu le feras entrer chez le capitaine.

L'HÔTELIER.

Il est donc toujours là ?

TAPIN.

Certainement, qu'il y est.

(Il sort.)

SCÈNE X

L'HÔTELIER, GASTON.

L'HÔTELIER.

Si j'y comprends quelque chose, par exemple ! (Se retournant.) Le chevalier !

GASTON.

Le capitaine La Jonquière est-il rentré ?

L'HÔTELIER.

A l'instant, il rentre.

GASTON.

Et peut-on le voir ?

L'HÔTELIER.

Je le crois.

GASTON.

Alors, j'entre.

L'HÔTELIER.

Entrez!

(Gaston frappe à la porte de La Jonquière; Dubois paraît, costume et physique du vrai Capitaine.)

SCÈNE XI

Les Mêmes, DUBOIS.

L'HÔTELIER, reconnaissant Dubois, à part.

Tiens, il y en a deux!... Ma foi, on m'a dit de me taire, taisons-nous.

GASTON.

C'est au capitaine La Jonquière que j'ai l'honneur de parler?

DUBOIS.

A lui-même. C'est M. de Livry, ou plutôt le chevalier Gaston de Chanley, qui veut bien me faire visite?

GASTON.

Oui, monsieur.

DUBOIS, se rapprochant de lui et descendant la scène.

Vous avez sur vous le signe convenu?

GASTON.

Voici la moitié de la pièce d'or.

DUBOIS.

Et voici l'autre.

GASTON.

En ce cas...

DUBOIS.

Nous pouvons causer de nos petites affaires, je crois.

GASTON.

Si nous entrions chez vous, capitaine?

DUBOIS.

Non, pas chez moi. (A part.) Diable! tout y est encore sens dessus dessous. (Haut.) Non, ici... J'étais avec des amis, avec des gens qui ne doivent pas entendre notre conversation; vous comprenez?...

GASTON.

Mais, en restant ici, ne risquons-nous point d'être interrompus?

DUBOIS.

Il n'y a pas de danger, il suffira de dire un mot à notre hôte. (Se retournant.) Avance ici, drôle. J'ai à causer d'affaires importantes avec le chevalier; que personne n'entende. (Bas.) Tu sais... le fort l'Évêque...

L'HÔTELIER.

Ou vingt-cinq louis; soyez tranquille, personne n'entrera.

(Il sort.)

DUBOIS, montrant la table.

Voyez, chevalier, nous sommes ici comme chez nous.

GASTON.

Asseyons-nous donc et causons.

DUBOIS.

Volontiers. (S'asseyant.) Causons, chevalier.

GASTON.

Lorsqu'on entreprend, comme nous le faisons, capitaine, une affaire dans laquelle on risque sa tête, il est bon, je crois de se connaître, afin que le passé réponde de l'avenir. Vous savez mon nom; je suis né en Bretagne, j'ai été élevé par un frère qui avait des motifs de haine contre le régent; cette haine, j'en ai hérité; il en résulte que, lorsque la ligue de la noblesse s'est formée, je suis entré dans la conjuration. Maintenant, j'ai été choisi par les conjurés bretons pour m'entendre avec ceux de Paris, venir recevoir les instructions du baron de Valef, qui est arrivé d'Espagne, les transmettre au duc d'Olivarès, et m'assurer de son assentiment.

DUBOIS.

Et que doit faire dans tout cela le capitaine La Jonquière?

GASTON.

Il doit me présenter à un certain Lagrange-Chancel, qui a mission de m'introduire près du prince. Je suis arrivé hier, j'a vu M. de Valef ce matin, je viens de me faire connaître à vous; maintenant, vous savez ma vie comme je la sais moi-même.

DUBOIS.

Quant à moi, chevalier, je dois vous avouer que mon histoire est un peu plus longue et plus accidentée que la vôtre;

cependant, si vous désirez que je vous la raconte, je me ferai un devoir de vous obéir.

GASTON.

Je vous ai dit, capitaine, que, lorsqu'on en était où nous en sommes, une des premières nécessités de la situation était de se bien connaître.

DUBOIS.

Eh bien, chevalier, je me nomme, comme vous le savez, le capitaine La Jonquière. Mon père était, ainsi que moi, officier d'aventure. C'est un métier où l'on gagne de la gloire, mais où l'on amasse peu d'argent. Mon père mourut donc en me laissant pour tout héritage sa rapière et son uniforme. Je ceignis la rapière, qui était un peu longue, et j'endossai l'uniforme, qui était un peu large; mais qu'importe! grâce à ma bonne mine, je fus reçu dans le Royal-Italien par économie d'abord, et ensuite parce que l'Italie n'était plus à nous. On recrutait pour le moment en France; j'y tenais donc une place fort distinguée comme anspessade, lorsque, la veille de la bataille de Malplaquet, j'eus avec mon sergent une légère discussion au milieu de laquelle sa canne effleura la corne de mon chapeau. Il résulta de ce simple attouchement un petit duel dans lequel je lui passai mon sabre au travers du corps. Or, comme on m'aurait incontestablement fusillé si j'avais eu la complaisance d'attendre qu'on m'arrêtât, je fis demi-tour à droite, et je me réveillai je ne sais comment, dans le corps d'armée du duc de Marlborough.

GASTON.

Comment, vous passâtes à l'ennemi?...

DUBOIS.

J'avais pour moi l'exemple de Coriolan et du grand Condé; ce qui me parut être, aux yeux de la postérité, une excuse suffisante. J'assistai donc, comme acteur, je dois le dire, à la bataille de Malplaquet; seulement, au lieu de me trouver d'un côté du ruisseau qui séparait les deux armées, je me trouvais de l'autre. Je crois que ce changement de place fut fort heureux pour moi. Le Royal-Italien laissa huit cents hommes sur le champ de bataille, ma compagnie fut écharpée, et mon camarade de lit coupé en deux. La gloire dont feu mon régiment s'était couvert enchanta tellement l'illustre Marlborough, qu'il me fit enseigne sur le champ de bataille. Ce fut avec ce grade que j'allai en Espagne demander du service à Sa Majesté Catholique, laquelle accéda gracieusement à ma demande. Au bout de trois ans, j'étais capitaine ; mais, sur une solde de trente réaux par jour, on nous en retenait vingt, tout en nous faisant valoir l'honneur infini que nous faisait Sa Majesté Catholique en nous empruntant notre argent. Cette sorte de placement finit par me déplaire, et je demandai à mon colonel la permission de quitter le service espagnol et de revenir dans ma belle patrie, avec une recommandation quelconque, afin que l'on ne m'inquiétât pas trop à l'endroit de mon affaire de Malplaquet. Le colonel m'adressa alors à Son Excellence le duc d'Olivarès, lequel, ayant reconnu en moi une certaine disposition naturelle à obéir aux ordres qu'on me donne, sans les discuter jamais, m'a attaché à son service particulier, et c'est là une faveur dont je me félicite d'autant plus sincèrement, qu'elle m'offre cette occasion de faire la connaissance d'un cavalier aussi accompli que vous l'êtes. Maintenant, chevalier, que voulez-vous ?

GASTON.

Ma demande se bornera, capitaine, à vous prier de me présenter à M. Lagrange-Chancel, qui, je vous l'ai dit, doit me mettre en relation avec le duc d'Olivarès, le seul à qui mes instructions me permettent de m'ouvrir, et à qui je dois remettre les dépêches du baron de Valef.

DUBOIS.

Ah ! oui, notre ami Lagrange-Chancel !... c'est cela, un monsieur qui tourne le vers d'une façon assez venimeuse. Connaissez-vous ses satires contre le régent, monsieur le chevalier ?

GASTON.

Capitaine, je suis un homme, et, lorsque j'attaque un homme, c'est avec l'épée et non avec la plume. Je ne lis pas ces sortes de choses.

DUBOIS.

Et vous avez raison, morbleu ! mais tout le monde n'est pas si heureux que vous, et il y a des gens qui, par état, sont forcés de lire tout ce qui paraît... Plaignez-les, ceux-là, chevalier, plaignez-les.

GASTON.

C'est ce que je fais, monsieur, et de tout mon cœur.

DUBOIS.

Et cependant, vous avez accepté d'être mis en relation avec cet homme!

GASTON.

Je ne m'appartiens pas, monsieur; j'appartiens à un parti, et je dois sacrifier à ce parti mes répugnances, comme je lui ai déjà sacrifié mes affections. Pouvez-vous me présenter à M. Lagrange-Chancel?

DUBOIS.

Avec plaisir. Seulement, il y a une petite difficulté.

GASTON.

Laquelle?

DUBOIS.

Il a été arrêté cette nuit, et expédié ce matin aux îles Sainte-Marguerite.

GASTON.

Que faire alors?

DUBOIS.

Se passer de lui.

GASTON.

Est-ce possible?

DUBOIS.

Sans doute. Ce qu'il devait faire, je le ferai. Il devait vous présenter au duc; je vous présenterai, moi.

GASTON.

Quand cela?

DUBOIS.

Quand vous voudrez.

GASTON.

Le plus tôt possible.

DUBOIS.

Seulement, il est probable que Son Excellence ne pourra pas vous recevoir à l'ambassade, de peur de se compromettre.

GASTON.

Je comprends parfaitement cela, et je me tiendrai pour honoré d'être reçu par Son Excellence en quelque lieu que ce soit.

DUBOIS.

Puis, comme il faut tout prévoir, si j'étais empêché de revenir vous prendre moi-même...

GASTON.

Empêché! pourquoi cela?...

DUBOIS.

Peste! chevalier, on voit bien que vous en êtes à votre premier voyage à Paris.

GASTON.

Que voulez-vous dire?

DUBOIS.

Je veux dire, monsieur, qu'il y a à Paris trois polices ; *primo* : la police du royaume; oh! celle-là, il ne faut pas vous en inquiéter; *secundo* : celle du régent; heu! celle-là, elle a ses jours; enfin celle de Dubois; celle-là, c'est autre chose : défiez-vous de la police de ce coquin de Dubois, chevalier, défiez-vous-en !

GASTON.

Je tâcherai !

DUBOIS.

Vous comprenez que, pour échapper à ces trois polices, il faut beaucoup de prudence.

GASTON.

Instruisez-moi donc, capitaine; car vous paraissez plus au courant que moi. Moi, je vous l'ai dit, je suis un provincial, et pas autre chose.

DUBOIS.

Eh bien, d'abord, il serait important que nous ne logeassions pas dans le même hôtel.

GASTON.

Diable! voilà qui me contrarie; j'avais des raisons pour désirer rester ici.

DUBOIS.

Qu'à cela ne tienne, c'est moi qui déménagerai; prenez une de mes deux chambres, celle-ci ou celle du premier étage.

GASTON.

Je préfère celle-ci.

DUBOIS.

Vous avez raison ; au rez-de-chaussée, fenêtre sur une rue, porte secrète sur l'autre; vous avez de l'œil, chevalier, et l'on fera quelque chose de vous.

GASTON.

Vous disiez que vous seriez peut-être empêché de me venir reprendre vous-même.

DUBOIS.

Oui ; mais, dans ce cas, faites bien attention de ne suivre qu'à bonne enseigne celui qui viendra vous chercher.

GASTON.

Indiquez-moi les signes auxquels je pourrai reconnaître qu'il vient de votre part.

DUBOIS.

D'abord, il faudra qu'il ait une lettre de moi.

GASTON.

Je ne connais pas votre écriture.

DUBOIS.

Je suis en train de vous en donner un spécimen. (Il se met à une table et écrit.) « Monsieur le chevalier, suivez avec confiance l'homme qui vous remettra ce billet. LA JONQUIÈRE. » Tenez, si quelqu'un venait en mon nom, il vous remettrait un autographe pareil à celui-ci.

GASTON.

Serait-ce assez ?

DUBOIS.

Ce n'est jamais assez ; outre l'autographe, il faudra qu'il vous montre encore la moitié de la pièce d'or.

GASTON.

Bien.

DUBOIS.

Attendez donc : un troisième signe encore.

GASTON.

Lequel ?

DUBOIS.

Je cherche... Ah ! avez-vous une montre ?

GASTON.

Oui.

DUBOIS.

Irait-elle, par hasard ?

GASTON.

Je le pense.

DUBOIS.

Quelle heure est-il ?

GASTON.

Dix heures cinq minutes.

DUBOIS, réglant sa montre sur celle du Chevalier.

Dix heures cinq minutes, bien ; à la porte de la maison où l'on vous conduira, vous demanderez l'heure.

GASTON.

Je comprends ! et, si la montre de mon conducteur ne va pas comme la mienne, à la minute, à la seconde ?...

DUBOIS.

Vous n'entrerez pas... Bravo ! avec toutes ces précautions-là, c'est bien le diable si ce damné Dubois...

GASTON.

Maintenant, qu'ai-je à faire ?

DUBOIS.

Vous ne comptez pas sortir aujourd'hui ?

GASTON.

Non.

DUBOIS.

Eh bien, tenez-vous coi et couvert dans cet hôtel, où rien ne vous manquera ; je vais vous recommander à l'hôte.

GASTON.

Merci.

DUBOIS.

Holà ! hé ! maître Bourguignon !...

L'HÔTELIER.

Voila, voilà, monsieur !...

DUBOIS.

Mon cher monsieur Bourguignon, voici mon ami, M. le chevalier de Livry, qui reprend ma chambre ; je vous le recommande comme moi-même. (Bas.) Songez que ce garçon-là vaut son pesant d'or, et que, si je ne le retrouvais pas ici, je vous retrouverais, vous... (Haut.) Adieu, chevalier, adieu.

SCÈNE XII

GASTON, puis L'HÔTELIER.

Et voilà donc les hommes avec lesquels il faut réussir ou se perdre !... Décidément, c'est une triste chose que les conspirations !... N'importe ! il n'y a plus à reculer maintenant... Allons, chevalier, tu as donné ta parole, ne fais pas mentir ceux qui ont répondu de toi, et surtout ne te mens pas à toi-même.

L'HÔTELIER.

Pardon, monsieur le chevalier.

GASTON.

Qu'y a-t-il?

L'HÔTELIER.

Une dame.

GASTON.

Où cela?

L'HÔTELIER.

Dans une voiture.

GASTON.

Jeune?

L'HÔTELIER.

Je ne sais : elle est voilée.

GASTON.

Oh! mon Dieu! serait-ce...?

SCÈNE XIII

Les Mêmes, HÉLÈNE.

HÉLÈNE.

C'est moi, Gaston.

GASTON.

Hélène! (A l'Hôtelier.) Laissez-nous, mon ami.

(Il sort.)

GASTON.

Vous ici, Hélène, dans cet hôtel! Que signifie...?

HÉLÈNE.

Oh! Gaston, Gaston, je serai partout mieux que dans cette maison où l'on m'avait conduite.

GASTON.

Qu'est-il donc arrivé?

HÉLÈNE.

Il est arrivé, Gaston... Je ne sais comment vous dire cela : il est arrivé que vos pressentiments, j'en ai bien peur, ne vous avaient pas trompé.

GASTON.

Ah! cet homme est donc revenu?

HÉLÈNE.

Non ; mais cette maison... Tenez, Gaston, je suis votre femme ?...

GASTON.

Oh ! oui... devant Dieu, du moins.

HÉLÈNE.

Eh bien, dans cette maison, un amant pouvait conduire sa maîtresse, mais un père n'eût pas conduit sa fille.

GASTON.

Oui, je comprends ; mais comment en êtes-vous sortie ?

HÉLÈNE.

Je m'en suis fait ouvrir les portes.

GASTON.

Par quel moyen ?

HÉLÈNE.

J'ai dit : « Je veux ! »

GASTON.

Vous, Hélène ?

HÉLÈNE.

Oh ! vous ne me connaissez pas, Gaston ; je vous l'ai dit là-bas... J'ai parfois une volonté qui m'effraye moi-même... volonté que je ne prends ni dans mon cœur ni dans mon esprit... que je puise dans tout mon être !... Hier, je vous ai dit : « Gaston, j'ai foi en votre honneur... ni ordres contraires, ni portes fermées ne me sépareront de mon ami, de mon frère ; si je doute, je viendrai à vous ! » J'ai douté, Gaston, et me voilà !... Maintenant, décidez : qu'allez-vous faire de moi ?

GASTON.

Hélène, écoutez... Vous êtes convaincue que je vous aime, n'est-ce pas ? vous me tenez pour un loyal gentilhomme, à la parole duquel on peut se fier ?

HÉLÈNE.

Oh ! Gaston !...

GASTON.

Eh bien, voyez en moi plus qu'un ami, plus qu'un frère, Hélène !... voyez l'homme que les événements qui nous poussent l'un vers l'autre font votre époux bien plus encore que notre amour mutuel !... Riche, heureux, sûr du présent, fortune, bonheur, j'eusse déjà depuis longtemps tout mis à vos pieds, m'en rapportant à Dieu du soin de l'avenir ; mais, je vous le répète, il y a pour moi, entre aujourd'hui et demain, la chance de quelque événement terrible... Ce que je vous offre en vous disant : « Soyez ma femme, » je vais donc vous l'apprendre : c'est, si je réussis, une haute position peut-être ; c'est, si j'échoue, la fuite, la misère, l'exil, la mort, même !... Hélène, m'aimez-vous assez, ou plutôt aimez-vous assez votre honneur pour braver tout cela ?

HÉLÈNE.

Vous me le demandez, Gaston ?... vous demandez si je vous aime au moment où vous courez un danger ?... Oui, Gaston, oui, je vous aime ; oui, je veux partager ce danger ; oui, je suis prête à vous suivre partout, même en exil ; vous l'avez dit : ce n'est point notre amour qui nous jette aux bras l'un de l'autre, ce sont les événements. Orphelins tous deux... isolés tous deux... perdus au milieu du monde, vous, courant un danger pour votre vie, moi un danger pour mon honneur ! les lois ordinaires de la société n'existent plus pour nous, puisque la société ne nous a pas donné les mêmes moyens de résistance qu'aux autres êtres créés ; appuyons-nous donc, vous à moi, moi à vous !... Le puissant donnera sa force, le faible donnera son amour !... J'accepte ce que vous m'offrez : ma part dans votre vie, dans vos dangers, dans vos espérances !... Gaston, je suis votre fiancée : quand serai-je votre femme ?

GASTON.

Hélène, je vous le jure, ce soir, tout sera fini, car vous ne pouvez plus rentrer dans cette maison, que vous avez jugée indigne de vous ! et vous ne pouvez me suivre sans qu'un prêtre m'ait donné, au pied de l'autel, le droit de vous protéger et de vous défendre.

HÉLÈNE.

Mais, en attendant, que faire ?

GASTON.

En attendant, Hélène, vous êtes sous la sauvegarde de mon honneur. Entrez là, dans cette chambre, enfermez-vous en dedans, n'ouvrez qu'à moi, qu'à moi seul, entendez-vous bien ? Je viendrai vous prendre dans une heure ; et, ce soir, demain au plus tard, il ne sera plus au pouvoir des hommes de séparer ce que Dieu aura réuni !

(Tapin entre.)

HÉLÈNE.

Silence ! un homme est entré et nous écoute.

GASTON.

Passez dans cette chambre, Hélène, et, je vous le répète, n'ouvrez qu'à ma voix !

(Hélène sort, Gaston pousse la porte sur elle.)

SCÈNE XIV

GASTON, TAPIN.

TAPIN.

N'est-ce pas vous, monsieur, qui êtes le chevalier de Livry?

GASTON.

Oui, monsieur.

TAPIN.

Le capitaine La Jonquière, retenu par Son Excellence monseigneur le duc d'Olivarès, ne peut revenir vous chercher lui-même, comme il vous l'avait promis; mais voici un mot de sa main qui m'accrédite près de vous.

GASTON.

Voyons, monsieur... « Monsieur le chevalier, suivez avec confiance l'homme qui vous remettra ce billet. » (Tirant l'autre billet de sa poche et comparant.) C'est bien la même écriture; mais ce n'est pas tout ce que vous avez à me remettre, n'est-ce pas, monsieur?

TAPIN.

J'ai la moitié de cette pièce d'or, qui doit s'emboîter...

GASTON, tirant la pièce d'or, et essayant les deux fragments.

C'est cela même. Maintenant, à quelle heure monseigneur le duc m'attend-il?

TAPIN.

A midi.

GASTON.

Est-il bientôt midi?

TAPIN.

Vous avez une montre qui doit aller à peu près comme la mienne, chevalier, et, à la porte de Son Excellence...

GASTON.

A la porte de Son Excellence?...

TAPIN.

Nous nous assurerons de l'heure.

GASTON.

Partons, monsieur; je vois bien maintenant que vous venez de la part du capitaine La Jonquière.

ACTE TROISIÈME

Salon élégant, style Louis XIV.

SCÈNE PREMIÈRE

LE RÉGENT, UN ARCHITECTE, puis UN HUISSIER.

LE RÉGENT.

Vous comprenez, monsieur Oppenort? la personne dont je vous parle ne peut rester où elle est; c'est un provisoire que j'ai même déjà, d'après ce que l'on m'a dit, quelque regret d'avoir adopté; que le petit hôtel que je désire soit acheté et meublé d'ici à huit jours au plus tard; pour l'acquit des dépenses, vous passerez à ma caisse particulière... Allez!

(L'Architecte sort par une porte particulière.)

UN HUISSIER.

Monseigneur a donné rendez-vous au capitaine La Jonquière?

LE RÉGENT.

Le capitaine La Jonquière!... Qu'est-ce que cela?

DUBOIS, en La Jonquière.

Eh! oui, drôle! quand on te le dit!

LE RÉGENT.

Eh bien, monsieur, que signifie?...

DUBOIS.

Comment! vous aussi, monseigneur?

LE RÉGENT.

C'est toi?... (A l'Huissier.) Laissez-nous!

SCÈNE II

LE RÉGENT, DUBOIS.

LE RÉGENT.

Mordieu! que tu es laid, Dubois! j'ai failli ne pas te reconnaître!

DUBOIS.

Ah! monseigneur me flatte!

LE RÉGENT.

Mais que signifie ce nom de La Jonquière sous lequel on t'annonce, et ce nouveau déguisement sous lequel tu m'apparais?

DUBOIS.

Cela signifie, monseigneur, que je fais peau neuve.

LE RÉGENT.

Serpent que tu es! j'espère bien que tu as perdu la vieille?

DUBOIS.

Non pas! peste! je m'en garderais bien!... Mais, pour le moment, il est question d'autre chose.

LE RÉGENT.

De quoi est-il question?

DUBOIS.

D'affaires de la plus haute importance.

LE RÉGENT.

Toujours la même chanson!

DUBOIS.

Oui, mais sur un air nouveau, je vous assure.

LE RÉGENT.

Va-t-en au diable!

DUBOIS.

J'en viens; mais il était trop occupé pour me recevoir, et il me renvoie à Votre Altesse.

LE RÉGENT.

Demain...

DUBOIS.

Oh! monseigneur ne voudrait pas m'exposer à rester jusqu'à demain sous cette vilaine enveloppe; je n'aurais qu'à mourir subitement... Fi donc! je ne m'en consolerais jamais!

LE RÉGENT.
Laisse-moi tranquille !... j'ai besoin de repos.
DUBOIS.
Je le crois bien ! après la nuit que monseigneur a passée !
LE RÉGENT.
Quelle nuit ?
DUBOIS.
Cette course !...
LE RÉGENT.
Quelle course ?
DUBOIS.
Celle que monseigneur a faite hier.
LE RÉGENT.
Il semble que ce soit une chose bien rude que de revenir de Saint-Germain ici !
DUBOIS.
Monseigneur a raison, de Saint-Germain ici, il n'y a qu'un pas... Mais on peut allonger la route.
LE RÉGENT.
Comment cela ?
DUBOIS.
En passant par Rambouillet.
LE RÉGENT.
Tu rêves !
DUBOIS.
Soit, monseigneur... Alors, je vais vous raconter mon rêve.
LE RÉGENT.
Quelque nouvelle baliverne !
DUBOIS.
Non pas ! il prouvera à Votre Altesse que je m'occupe d'elle, même en dormant !
LE RÉGENT.
Raconte, puisqu'il paraît que je suis condamné à écouter tes sottises !
DUBOIS.
J'ai donc rêvé que monseigneur avait lancé le cerf au carrefour d'Herblay, et que l'animal, civilisé comme un cerf de bonne maison, s'était fait battre dans quatre lieues carrées; après quoi, il était allé se faire tuer à Chambourcy.
LE RÉGENT.
Va, j'écoute.

DUBOIS.

Mais, dans mon rêve, monseigneur n'assistait pas à l'hallali ; monseigneur, et c'est bien là ce qui prouve que c'était un rêve, monseigneur s'était perdu dans la forêt de Saint-Germain...

LE RÉGENT.

Non... c'est vrai. Je suis si distrait !... j'ai suivi une route pour une autre.

DUBOIS.

Et monseigneur ne s'est retrouvé qu'à Rambouillet, à l'hôtel du *Tigre royal* même.

LE RÉGENT.

Ah ! oui ; mais c'est ici que ton rêve s'embrouille, n'est-ce pas ?

DUBOIS.

Pas trop !... A la porte du *Tigre royal*, monseigneur a remis son cheval à M. de Nocé, qui s'était perdu avec lui, et il s'est acheminé vers un pavillon situé au fond de la cour.

LE RÉGENT.

Eh bien, qu'y avait-il dans ce pavillon ?

DUBOIS.

D'abord, à la porte, une affreuse duègne... quelque chose comme la femelle de Cerbère, puis dans l'intérieur... Ah ! dame, dans l'intérieur...

LE RÉGENT.

Ah ! voilà où tu n'as pas pu voir, même en rêve !

DUBOIS.

Allons donc, monseigneur ! vous me supprimeriez mes cinq cent mille livres de police secrète, si, grâce à elles, je ne voyais pas dans les intérieurs.

LE RÉGENT.

Eh bien, qu'as-tu vu dans celui-ci ?

DUBOIS.

Ma foi, monseigneur, une charmante Bretonne, belle comme les Amours, venant en droite ligne des Ursulines de Clisson, et accompagnée d'une bonne sœur dont la présence un peu gênante a été supprimée à Épernon... Hein ! que dites-vous de mon rêve ?

LE RÉGENT.

J'ai souvent pensé que tu étais le diable, envoyé ici-bas pour me perdre !

12.

DUBOIS.

Pour vous sauver, monseigneur !

LE RÉGENT.

Pour me sauver ?... Je ne m'en doutais pas !

DUBOIS.

Êtes-vous content, au moins ?... La jeune personne...?

LE RÉGENT.

Holà ! holà ! monsieur !... nous ne savons pas de qui nous parlons !

DUBOIS.

Décidément, monseigneur, vous m'affligez ; une apparence vous persuade, une heure de tête-à-tête vous grise comme un écolier ; monseigneur, vous aussi, vous avez fait un rêve, mais un mauvais rêve... Laissez-moi vous l'expliquer.

LE RÉGENT.

Monsieur Joseph, je vous enverrai à la Bastille !

DUBOIS.

Tant que vous voudrez, monseigneur ; mais, auparavant, vous n'en saurez pas moins que cette belle Hélène...

LE RÉGENT.

Est ma fille, monsieur !

DUBOIS.

Votre fille, monseigneur ?...

LE RÉGENT.

Oui, ma fille, que j'ai cachée à tous les yeux, pour qu'elle ne fût pas même souillée par un regard...

DUBOIS.

De sorte qu'aujourd'hui...?

LE RÉGENT.

De sorte qu'aujourd'hui, désirant avoir quelqu'un qui m'aime au monde, je l'ai fait venir.

DUBOIS.

Et monseigneur doit la revoir ?...

LE RÉGENT.

Aujourd'hui même. C'est pourquoi vous me trouvez dans ma maison de la rue du Bac, au lieu de me trouver au Palais-Royal... Qu'avez-vous à dire à cela ?

DUBOIS.

Rien, monseigneur, car j'allais vous prier de vous y rendre.

LE RÉGENT.

Où ?

DUBOIS.

Ici : dans votre maison de la rue du Bac.

LE RÉGENT.

Moi ? et pour quoi faire ?

DUBOIS.

Parce que je veux présenter à monseigneur un jeune homme qui arrive de Bretagne... Tenez, justement comme mademoiselle votre fille !

LE RÉGENT.

Alors, tu protéges ce jeune homme ?

DUBOIS.

Directement.

LE RÉGENT.

Et que vient-il faire à Paris, ton protégé ?

DUBOIS.

Je ne veux pas vous ôter le plaisir de la surprise... Il vous le dira tout à l'heure à vous-même, ce qu'il vient faire à Paris... ou plutôt il le dira à Son Excellence le duc d'Olivarès.

LE RÉGENT.

Au duc d'Olivarès ! Mais qu'est-ce que c'est donc que ton protégé ?

DUBOIS.

Monseigneur, c'est un charmant conspirateur de vingt-cinq ans, bien discret, arrivant de Nantes, affilié à MM. de Pontcalec, de Montlouis et du Couédic, et recommandé à Paris à un certain La Jonquière, capitaine en retraite et conspirateur en activité. Comprenez-vous, maintenant ?

LE RÉGENT.

Pas le moins du monde.

DUBOIS.

Eh bien, j'ai été et je suis encore le capitaine La Jonquière, puisqu'on m'a adressé à vous sous ce nom, monseigneur ; mais, en conscience, je ne puis être à la fois le capitaine La Jonquière et Son Excellence le duc d'Olivarès.

LE RÉGENT.

Et alors, tu as réservé ce rôle ?...

DUBOIS.

A vous, monseigneur !

LE RÉGENT.

A moi?... Et tu veux qu'à l'aide d'un faux nom je surprenne les secrets...?

DUBOIS.

De vos ennemis?... Pardieu! le beau crime!

LE RÉGENT.

Mais enfin, si comme toujours je cède à ce que tu me demandes, voyons, qu'en résultera-t-il?

DUBOIS.

Il en résultera que vous conviendrez peut-être à la fin que je ne suis pas un visionnaire, et que vous permettrez alors qu'on veille sur vous, puisque vous ne voulez pas y veiller vous-même.

LE RÉGENT.

Maintenant, une fois pour toutes, si la chose n'en vaut pas la peine, serai-je délivré de tes obsessions?...

DUBOIS.

Sur l'honneur, je m'y engage.

LE RÉGENT.

J'aimerais mieux un autre serment.

DUBOIS.

Dame, monseigneur, vous êtes trop difficile, on jure sur ce que l'on peut.

L'HUISSIER.

Monseigneur!

LE RÉGENT.

Quoi?

L'HUISSIER.

Un courrier parti cette nuit de Rambouillet!...

LE RÉGENT.

Chut! Comment, parti cette nuit? Et il est tantôt onze heures!

L'HUISSIER.

Il a perdu deux heures à attendre Votre Altesse au Palais-Royal!

LE RÉGENT.

Demeure.

DUBOIS.

Une lettre de la Desroches! j'ai reconnu l'écriture.

LE RÉGENT.

Eh bien, capitaine?

DUBOIS.

Eh bien, monseigneur, je vais attendre notre homme à la porte de la maison !...

LE RÉGENT.

Va !

(Dubois sort.)

SCÈNE III

LE RÉGENT, un Huissier.

LE RÉGENT.

Une lettre de madame Desroches ! Que peut-elle me dire?... Serait-il arrivé malheur à Hélène? Elles devaient toutes deux être à Paris à neuf heures !... Voyons ce qu'elle écrit !...
Monseigneur, un jeune homme qui paraît avoir suivi mademoiselle Hélène pendant son voyage, s'est présenté au pavillon après votre départ; j'ai voulu l'éconduire, mais mademoiselle m'a ordonné si péremptoirement de l'introduire et de me retirer, que, dans ce regard enflammé, dans ce geste de reine, j'ai reconnu, n'en déplaise à Votre Altesse, le sang qui commande. » Oui, oui, c'est bien ma fille !... « Maintenant, je crois, monseigneur, que ce jeune homme et mademoiselle se connaissent depuis longtemps, car je me suis permis d'écouter, et, dans un moment où il haussait la voix, j'ai entendu : « Nous voir comme par le passé... » Quel peut-être ce jeune homme ?... Le frère ou le cousin de quelque religieuse qui l'aura vue au parloir. « Que Votre Altesse me vienne donc en aide et me fasse tenir ses ordres, afin que je sache ce que je dois faire, si ce M. de Livry se présente. » Ah ! il se nomme de Livry ? C'est toujours bon à savoir !... N'importe ! ce jeune homme m'inquiète !... Le messager est-il encore là ?

L'HUISSIER.

Oui, monseigneur ! il attend la réponse, qu'il doit reporter, dit-il, rue Saint-Antoine.

LE RÉGENT.

La voici. (Il écrit.) « Aussitôt votre arrivée, venez me trouver dans ma petite maison de la rue du Bac. » Allez ! (L'Huissier sort.) Morbleu ! pourvu que Dubois, qui sait tout, ne sache pas celle-là ! il rirait bien !

SCÈNE IV

LE RÉGENT, DUBOIS, GASTON.

DUBOIS.

Venez!... venez, on vous attend! Peut-on entrer, monsieur le duc?

LE RÉGENT.

Oui!

DUBOIS.

J'ai l'honneur de présenter à Votre Excellence le chevalier Gaston de Chanley. Chevalier, vous êtes en présence de M. le duc d'Olivarès.

GASTON.

Monsieur le duc...

DUBOIS, bas, au Régent.

Mordieu! parlez-lui donc; si vous ne lui parlez pas, il ne dira rien!

LE RÉGENT.

Monsieur arrive de Bretagne, je crois?

GASTON.

Oui, Excellence.

LE RÉGENT.

Parlez, monsieur!

GASTON.

Que je parle? Je croyais avoir à écouter d'abord.

LE RÉGENT.

C'est vrai, mais c'est un dialogue que nous commençons, et, ne l'oubliez pas, chacun parle à son tour dans une conversation.

GASTON.

Votre Excellence me fait trop d'honneur!

LE RÉGENT.

Voyons, que venez-vous faire à Paris?... Dites-moi cela.

GASTON.

Le voici. Les états de Bretagne...

LE RÉGENT.

Les mécontents de Bretagne.

DUBOIS, bas.

Eh bien, que diable dites-vous donc?...

GASTON.

Les mécontents sont si nombreux, qu'ils peuvent être regardés comme les représentants de la province !... Cependant j'emploierai la locution que m'indique Votre Excellence !... Les mécontents de la province de Bretagne m'ont envoyé à vous, monseigneur, pour savoir les intentions de l'Espagne dans cette affaire.

LE RÉGENT.

Mais, si l'Espagne savait d'abord celles de la Bretagne, il me semble que ce serait mieux !

GASTON.

L'Espagne peut compter sur nous, elle a notre parole, et la loyauté bretonne est proverbiale !

LE RÉGENT.

Mais à quoi vous engagez-vous enfin vis-à-vis de l'Espagne ?...

GASTON.

A seconder de notre mieux les efforts de la noblesse française.

LE RÉGENT.

N'êtes-vous donc pas Français vous-mêmes ?

GASTON.

Nous sommes Bretons !

LE RÉGENT.

Mais la Bretagne est réunie à la France, ce me semble, depuis le mariage de Louis XII.

GASTON.

Oui ; mais elle doit s'en regarder comme séparée, du moment que la France n'a pas respecté le droit qu'elle s'était réservé par ce traité !

LE RÉGENT.

Oh ! la vieille histoire du contrat d'Anne de Bretagne... Il y a bien longtemps que ce contrat a été signé, monsieur !

DUBOIS, toussant.

Hum ! hum !

GASTON.

Qu'importe ! si chacun de nous le sait par cœur ?

LE RÉGENT.

Bien ! et que veut la noblesse française ? Voyons..

GASTON.

Substituer, en cas de mort de Sa Majesté Louis XV, le roi d'Espagne au trône de France.

DUBOIS.

Très-bien! très-bien!

LE RÉGENT.

On compte donc sur la mort du roi?

GASTON.

M. le grand dauphin, M. le duc et madame la duchesse de Bourgogne, et M. le duc de Berry, ont disparu d'une façon bien déplorable!

LE RÉGENT.

Et l'on s'attend a ce que le jeune roi disparaisse comme eux?

GASTON.

C'est la crainte générale.

LE RÉGENT.

Cela explique comment le roi d'Espagne espère monter sur le trône de France; mais Sa Majesté Catholique ne pense-t-elle pas trouver dans la régence même quelque opposition à ses projets?...

GASTON.

Aussi, on a prévu le cas.

DUBOIS.

Ah! on a prévu le cas? Bien! très-bien! Quand je vous le disais, monseigneur, que nos Bretons étaient des hommes précieux!... Continuez, monsieur, continuez!...

(Gaston garde le silence.)

LE RÉGENT.

Eh bien, monsieur, vous le voyez, j'écoute, parlez donc!

GASTON.

Ce secret n'est pas le mien, monsieur le duc!

LE RÉGENT.

Alors, je n'ai point la confiance de vos chefs?

GASTON.

Si fait, vous l'avez tout entière, mais vous l'avez seul.

LE RÉGENT.

Le capitaine est de mes amis, et je réponds de lui comme de moi.

GASTON.

Mes instructions portent que je ne m'en ouvrirai qu'à vous.

LE RÉGENT.
Mais je vous ai déjà dit que je répondais du capitaine.
GASTON.
En ce cas, j'ai dit tout ce que j'avais à dire.

(Gaston s'éloigne.)

LE RÉGENT, à Dubois.
Vous entendez, monsieur : « J'ai dit tout ce que j'avais à dire ! »
DUBOIS.
Parfaitement, monseigneur, et je me retire ; mais, avant de sortir, moi aussi, j'aurais deux mots à vous dire !
LE RÉGENT.
Dis.
DUBOIS.
Vous allez rester seul avec lui ?
LE RÉGENT.
Tu le vois bien.
DUBOIS.
Bon ! poussez-le, mordieu ! pas de fausse délicatesse, arrachez-lui son secret des entrailles ! Jamais vous n'aurez occasion pareille !
LE RÉGENT.
Sois tranquille, puisque j'y suis !...
DUBOIS.
Bien !... Monsieur de Chanley, votre serviteur, et au revoir... Un autre se fâcherait de ce que vous n'avez pas voulu parler devant lui ; mais, moi, je ne suis pas fier, et, pourvu que la chose tourne comme je l'entends, peu m'importent les moyens !

(Gaston s'incline, Dubois sort.)

SCÈNE V

LE RÉGENT, GASTON.

LE RÉGENT.
Nous voilà seuls, monsieur, parlez.
GASTON.
Eh bien, Votre Excellence est sans doute étonnée de n'avoir pas reçu d'Espagne certaines dépêches que devait lui adresser le cardinal Alberoni ?

LE RÉGENT.

C'est vrai, monsieur !

GASTON.

Je vais vous donner l'explication de ce retard : l'abbé Porto-Carrero est tombé malade et n'a pas quitté Madrid; le baron de Valef, mon ami, a été chargé de cette dépêche, et me l'a remise ce matin.

LE RÉGENT.

Et cette dépêche, où est-elle ?...

GASTON.

La voici.

LE RÉGENT.

« A Son Excellence M. le duc d'Olivarès. » (Il va pour décacheter la dépêche et s'arrête.) Vous savez ce qu'elle contient, monsieur?

GASTON.

Je sais ce qui a été convenu, du moins.

LE RÉGENT.

Voyons, dites ; je suis bien aise de connaître jusqu'à quel point vous êtes initié aux secrets du cabinet espagnol.

GASTON.

Quand on se sera défait du régent, on fera reconnaître M. le duc du Maine à sa place. M. le duc du Maine rompra à l'instant même le traité de la quadruple alliance, négocié par ce misérable Dubois.

LE RÉGENT.

Je suis fâché, monsieur, que le capitaine La Jonquière ne soit plus ici, cela lui aurait fait plaisir de vous entendre parler ainsi... Mais il y a, dans ce que vous me dites, une phrase que je ne comprends pas bien.

GASTON.

Laquelle ?

LE RÉGENT.

Celle-ci : « On se défera du régent... » De quelle manière s'en défera-t-on ?...

GASTON.

Le premier projet avait été de l'enlever de Paris, et de le transporter dans la prison de Saragosse, ou dans la forteresse de Tolède !

LE RÉGENT.

Aurait-on changé d'idée ?...

GASTON.

On séduit ses gardes... on s'échappe d'une prison... on s'évade d'une forteresse... mais...

LE RÉGENT.

Mais on ne sort pas d'une tombe; voilà ce que vous voulez dire, n'est-ce pas?

GASTON.

Oui, monsieur.

LE RÉGENT.

Et vous êtes venu à Paris pour vous défaire du régent?...

GASTON.

Oui, monsieur.

LE RÉGENT.

En le frappant?

GASTON.

Oui, monsieur.

LE RÉGENT.

C'est vous qui vous êtes offert de vous-même pour cette sanglante mission?...

GASTON.

Non; jamais, de moi-même, je n'eusse choisi le rôle d'un assassin! Nous formions un comité de cinq gentilshommes, associés à la ligue bretonne. Il avait été convenu que tout ce que nous ferions se déciderait à la majorité.

LE RÉGENT.

Je comprends : la majorité a décidé qu'on assassinerait le régent.

GASTON.

C'est cela même, quatre furent pour l'assassinat, un seul fut contre.

LE RÉGENT.

Et celui qui fut contre...?

GASTON.

Dussé-je perdre la confiance de Votre Excellence, c'était moi!

LE RÉGENT.

Mais alors, monsieur, comment vous êtes vous chargé d'accomplir un dessein que vous désapprouviez?...

GASTON.

Il avait été décidé que le sort désignerait celui qui devait porter le coup.

LE RÉGENT.

Et le sort?

GASTON.

Tomba sur moi.

LE RÉGENT.

Comment n'avez-vous pas récusé cette mission?...

GASTON.

Le scrutin était secret; nul ne connaissait mon vote; on m'eût pris pour un lâche!

LE RÉGENT.

Et vous comptez sur moi?...

GASTON.

Pour m'aider à accomplir une entreprise qui touche si profondément aux intérêts de l'Espagne!

LE RÉGENT.

Mais, faites-y attention, en vous facilitant les moyens d'arriver jusqu'au régent, je deviens votre complice!

GASTON.

Cela vous effraye, monsieur le duc?

LE RÉGENT.

Sans doute; car, vous arrêté...

GASTON.

Eh bien, moi arrêté, qu'arriverait-il?

LE RÉGENT.

On peut, à force de tortures, vous arracher les noms de ceux...

GASTON.

Vous êtes étranger, monsieur, vous êtes Espagnol, vous ne pouvez, par conséquent, savoir ce que c'est qu'un gentilhomme breton; je vous pardonne donc votre injure!

LE RÉGENT.

Alors, on pourrait compter sur votre silence?

GASTON.

Pontcalec et Montlouis en ont douté un instant, monsieur, et, depuis, ils m'ont fait leurs excuses.

LE RÉGENT.

C'est bien, monsieur; je songerai à ce que vous venez de me dire; mais, à votre place...

GASTON.

Eh bien, à ma place?...

LE RÉGENT.

Je renoncerais à cette entreprise.

GASTON.

Je voudrais, pour beaucoup, n'y être point entré; mais j'y suis, il faut qu'elle s'accomplisse!

LE RÉGENT.

Même quand je refuserais de vous seconder?...

GASTON.

Le comité breton a prévu le cas où vous refuseriez.

LE RÉGENT.

Et il a décidé?

GASTON.

Que l'on passerait outre!

LE RÉGENT.

Ainsi, votre décision...?

GASTON.

Est irrévocable!

LE RÉGENT.

J'ai dit ce que je devais vous dire; maintenant, puisque vous le voulez à toute force, poursuivez, monsieur, poursuivez...

(Il fait un mouvement pour s'éloigner.)

GASTON, le retenant.

Pardon, monsieur le duc, il me reste maintenant à vous demander une grâce.

LE RÉGENT.

Une grâce! à moi?

GASTON.

Si toutefois mon dévouement aux intérêts du roi d'Espagne a pu me mériter la bienveillance de son ambassadeur.

LE RÉGENT.

Dites, monsieur; laquelle?

GASTON.

C'est de donner asile et d'accorder protection à une jeune fille que j'aime, et dont l'honneur court en ce moment un grand danger!...

LE RÉGENT.

Un grand danger!... Et qu'attendez-vous de moi en cette circonstance?

GASTON.

Que vous la receviez chez vous jusqu'à ce qu'elle soit ma femme.

LE RÉGENT.

Elle consent à cet enlèvement?

GASTON.

Elle a entièrement confiance en moi, et elle a consenti à tout.

LE RÉGENT.

Allez la chercher, monsieur, je réponds d'elle! (Il sonne. A l'Huissier qui entre.) Mettez une voiture à la disposition de monsieur. (A Gaston.) Je pourrais être avec quelqu'un; vous ferez entrer la personne dans cette chambre, et vous me préviendrez.

GASTON.

Je vous remercie d'autant plus que je suis attendu chez M. de Valef, qui, avant de partir pour la Bretagne, doit connaître les résultats de mon entrevue avec vous.

LE RÉGENT.

C'est bien.

GASTON.

S'il vous était impossible de nous recevoir à l'instant, je pourrais donc la laisser seule ici?

LE RÉGENT.

Oui, monsieur; et elle y serait aussi en sûreté que chez sa mère!

GASTON.

Et, s'il m'arrivait quelque événement?...

LE RÉGENT.

Je serai là!

GASTON.

Vous me le promettez?

LE RÉGENT.

Foi de gentilhomme, monsieur!

GASTON.

Merci, monsieur le duc; je suis tranquille maintenant; dans dix minutes, je suis de retour.

SCÈNE VI

LE RÉGENT, DUBOIS.

DUBOIS, des papiers à la main.

Eh bien, monseigneur, que dites-vous de notre Breton?... Il est gentil, hein?

LE RÉGENT.

Tu as donc écouté?

DUBOIS.

Pardieu! Et que vouliez-vous donc que je fisse?

LE RÉGENT.

Et tu as entendu?...

DUBOIS.

Tout!... Eh bien, monseigneur, que pensez-vous des prétentions de Sa Majesté Catholique?

LE RÉGENT.

Je pense qu'on dispose d'elle sans sa participation peut-être!

DUBOIS.

Et le cardinal Alberoni?... Tudieu! pour un ex-sonneur de cloches, comme il vous remue l'Europe!...

LE RÉGENT.

Fumée que tous ces projets!... rêveries que tous ces plans!

DUBOIS.

Et notre comité breton, est-ce aussi une fumée?

LE RÉGENT.

Non, cela existe réellement!

DUBOIS.

Et le poignard de notre conspirateur, est-ce une rêverie?...

LE RÉGENT.

Non, il m'a paru même assez bien aiguisé!

DUBOIS.

Peste! monseigneur, ce gaillard-là n'y va pas de main morte!

LE RÉGENT.

Sais-tu que c'est une vigoureuse nature que celle de ce chevalier de Chanley?

DUBOIS.

Ah! bon! il ne manquerait plus que de vous prendre d'une belle admiration pour lui!

LE RÉGENT.

Pourquoi donc est-ce toujours parmi ses ennemis, et jamais parmi ses amis, qu'on rencontre des âmes de cette trempe?...

DUBOIS.

Parce que la haine est une passion, et que l'amitié n'est qu'un sentiment.

LE RÉGENT.

Qu'est-ce que ce papier que tu tiens dans ta main? (Il le prend et lit.) L'ordre d'arrêter M. le chevalier Gaston de Chanley, et de le conduire à la Bastille?

DUBOIS.

Oui, monseigneur; Votre Altesse pense-t-elle que ce soit un abus de pouvoir?...

LE RÉGENT.

Non... Et cependant...

DUBOIS.

Monseigneur, quand on a entre les mains le gouvernement d'un royaume, il faut, avant toute chose, gouverner.

LE RÉGENT.

Mais il me semble pourtant, monsieur, que je suis bien le maître...

DUBOIS.

De récompenser, oui; mais à la condition de punir. L'équilibre de la justice est faussé quand une éternelle et aveugle miséricorde pèse dans un des bassins de la balance. Agir comme vous voulez le faire, ce n'est pas être bon : c'est être faible!... Quelle sera la récompense de ceux qui ont mérité, si vous ne punissez pas ceux qui ont failli?...

LE RÉGENT.

Alors, si tu voulais que je fusse sévère, il ne fallait pas provoquer une entrevue entre moi et ce jeune homme; il ne fallait pas me mettre à même de l'apprécier à sa juste valeur... Il fallait me laisser croire que c'était un conspirateur vulgaire.

DUBOIS.

Oui, et maintenant, parce qu'il s'est présenté à Votre Altesse sous une apparence romanesque, voilà votre imagination d'artiste qui bat la campagne! Que diable! monseigneur, il y a temps pour tout!... faites de la chimie avec Humbert, faites de la gravure avec Longus, faites de la musique avec Lafare, faites l'amour avec le monde entier; mais, avec moi, faites de la politique!

LE RÉGENT.

Eh! mon Dieu, ma vie espionnée, torturée, calomniée comme elle l'est, vaut-elle donc la peine que je la défende?

DUBOIS.

Mais ce n'est pas votre vie que vous défendez, monseigneur! Au milieu de toutes les calomnies qui vous poursuivent, l'accusation de lâcheté est la seule que vos plus cruels ennemis n'ont pas même tenté de jeter sur vous. Votre vie! à Steinkerque, à Nerwinde et à Lerida, vous avez prouvé le cas que vous en faisiez! votre vie, pardieu! si vous étiez un simple particulier, un ministre ou même un prince du sang, et qu'un assassinat vous la reprît, ce serait le cœur d'un homme qui cesserait de battre, voilà tout!... Mais, à tort ou à raison, vous avez voulu occuper votre place parmi les puissants du monde; à cet effet, vous avez brisé le testament de Louis XIV; vous avez chassé les bâtards des marches du trône, sur lesquelles ils avaient déjà posé le pied; vous avez été fait régent de France enfin, c'est-à-dire la clef de voûte du monde!... Vous tué, ce n'est plus un homme qui tombe: c'est le grand pilier de l'édifice européen qui s'écroule. Alors, l'œuvre laborieuse de nos trois années de veilles et de luttes est détruite! et l'enfant qu'à force de surveillance et de soins nous avons arraché au sort de son père, de sa mère et de ses oncles, cet enfant retombe aux mains de ceux qu'une loi adultère appelle effrontément à lui succéder!... Ainsi, de tous côtés ruine et désolation, meurtre et incendie, guerre civile et guerre étrangère! Et pourquoi cela?... Parce qu'il plaît à monseigneur Philippe d'Orléans de se croire toujours major de la maison du roi ou commandant de l'armée d'Espagne, et d'oublier qu'il a cessé d'être tout cela le jour où il est devenu régent de France!

LE RÉGENT.

Allons, tu le veux donc absolument?

DUBOIS, lui présentant une plume à genoux.

Oui, monseigneur, je le veux.

LE RÉGENT, après avoir signé.

Mais, maintenant, tu le comprends, je ne puis plus recevoir ce jeune homme!

L'HUISSIER.

M. le chevalier Gaston de Chanley demande...

LE RÉGENT, à l'Huissier.

Dites-lui qu'en ce moment cela m'est impossible !

DUBOIS.

Ainsi, monseigneur, j'ai carte blanche?

LE RÉGENT, après un moment d'hésitation.

Oui.

DUBOIS.

Bien.

(Il sort.)

SCÈNE VII

LE RÉGENT, seul.

Il a dit vrai, et ma vie, qu'à chaque heure je joue sur un coup de dé, a cessé de m'appartenir. Hier encore, ma mère me disait ce qu'il vient de me dire aujourd'hui. Qui sait ce qui arriverait du monde entier si j'allais mourir?... Ce qui est arrivé à la mort de mon aïeul Henri IV. Tout était prêt pour un immense résultat, couvé pendant toute la vie d'un roi à la fois législateur et soldat!... Ce fut alors que le 13 mai arriva, qu'une voiture à la livrée royale passa rue de la Ferronnerie, et que trois heures sonnèrent à l'horloge des Innocents!... En une seconde, tout fut détruit!... prospérités passées, espérances à venir... Il fallut un siècle tout entier, un ministre qui s'appelât Richelieu et un roi qui s'appelât Louis XIV pour cicatriser la blessure qu'avait faite au flanc de la France le couteau de Ravaillac!... Oui, il avait raison, et je dois abandonner ce jeune homme à la justice humaine... D'ailleurs, ce n'est pas moi qui le condamne. Les juges sont là, ils décideront!... Mais cette pauvre enfant qu'il a remise à ma loyauté... Oh! je le jure! elle me sera sainte et sacrée!... (Il sonne, l'Huissier entre.) Est-il venu quelqu'un depuis que le chevalier est sorti?

L'HUISSIER.

Une jeune dame amenée par lui, et qui attend depuis près d'un quart d'heure.

LE RÉGENT.

C'est bien, faites entrer.

L'HUISSIER.

Mademoiselle Hélène de Chaverny.

LE RÉGENT.

Hélène! ma fille, ramenée ici par M. de Chanley! Mais elle aime donc l'homme qui a fait serment...? Oh! mon cœur, contiens-toi!

SCÈNE VIII

LE RÉGENT, HÉLÈNE.

HÉLÈNE.

Monsieur...

LE RÉGENT.

Approchez, mademoiselle, approchez, soyez sans crainte.

HÉLÈNE.

Oh! mon Dieu!

LE RÉGENT.

Qu'avez-vous?

HÉLÈNE.

C'est que votre voix m'a rappelé celle d'une personne..

LE RÉGENT.

De votre connaissance?

HÉLÈNE.

Oh! avec laquelle je me suis trouvée une seule fois, mais dont l'accent est resté là, vivant, dans mon cœur... Mais... mais... c'est impossible!...

LE RÉGENT.

Je me félicite de ce hasard, mademoiselle; cette ressemblance de ma voix avec celle d'une personne qui doit vous être chère donnera peut-être plus de poids à mes paroles. Vous savez que M. le chevalier de Chanley m'a fait la grâce de me choisir pour être votre protecteur?

HÉLÈNE.

Il m'a amenée ici, du moins, en m'assurant que Votre Excellence avait promis de veiller sur moi.

LE RÉGENT.

Alors, pour vous être fiée aussi entièrement à lui, vous aimez donc le chevalier?

HÉLÈNE.

Si je ne l'aimais pas, où serait mon excuse?

LE RÉGENT, à part, avec douleur.

Elle l'aime!... (Haut.) Mais ce qui m'étonne, mademoiselle, c'est qu'étant aimée par M. de Chanley comme vous paraissez l'être, vous n'ayez pas eu sur lui cette influence de le faire renoncer à ses projets.

HÉLÈNE.

A ses projets!... Que voulez-vous dire?

LE RÉGENT.

Comment! ignorez-vous le motif qui l'amène à Paris?...

HÉLÈNE.

Complétement.

LE RÉGENT, à part.

Elle l'ignorait!... (Haut.) Mais saviez-vous que le chevalier, qui s'est effrayé sur le danger imaginaire que vous couriez, court lui-même un danger réel?

HÉLÈNE.

Oh! mon Dieu!... je m'en doutais!... mais, quelques instances que je lui aie faites, il n'a jamais rien voulu me dire!... Oh! vous, vous, monseigneur, puisque vous le savez, au nom du ciel, dites-moi quel est ce danger!

LE RÉGENT.

Son secret n'est pas le mien, mademoiselle.

HÉLÈNE, faisant un mouvement.

En ce cas, permettez que je le rejoigne.

LE RÉGENT.

Vous, mon enfant?

HÉLÈNE.

Monsieur!...

LE RÉGENT.

Pardon... mais, si jeune... L'intérêt que je porte au chevalier... que je vous porte, à vous... Écoutez-moi.

HÉLÈNE.

J'écoute... Mais dites vite.

LE RÉGENT

Un conseil.

HÉLÈNE.

Pour lui?

LE RÉGENT.

Non, pour vous. Laissez, croyez-moi, laissez, je vous en supplie, M. de Chanley se perdre seul dans la route fatale où il

s'engage, puisqu'il est temps encore pour vous de rester où vous êtes, et de ne pas aller plus avant.
HÉLÈNE.
Qui? moi, je l'abandonnerais au moment où, vous le dites vous-même, un danger que je ne connais pas le menace? Oh! non, monsieur; nous sommes isolés tous deux en ce monde Gaston n'a plus de parents; moi, si j'en ai encore, ils son habitués à mon absence! Nous pouvons nous perdre ensemble sans faire couler une larme! Oh! non, non, je ne l'abandonnerai pas!
LE RÉGENT.
Mais n'aviez-vous pas cependant à peu près renoncé à lui?... Ne lui avez-vous pas dit, l'autre jour, que tout devait être fini entre vous... et que vous ne pouviez disposer ni de votre cœur ni de votre personne?
HÉLÈNE.
Oui, je lui ai dit cela, parce qu'à cette époque je le croyais heureux; parce que j'ignorais alors que sa liberté, que sa vie peut-être fussent compromises. Il n'y avait alors que mon cœur qui eût souffert; ma conscience restait tranquille... C'était une douleur à braver et non un remords à combattre; mais, depuis que je le vois malheureux, depuis que je le sais, menacé, oh! je le sens, sa vie, c'est ma vie!...
LE RÉGENT.
Mais vous vous exagérez votre amour pour lui, sans doute... Cet amour ne résisterait pas à l'absence?
HÉLÈNE.
A tout, monsieur! Dans l'isolement où mes parents m'ont laissée, cet amour est devenu mon espoir unique, mon bonheur, mon existence! Oh! monsieur le duc, au nom du ciel si vous avez quelque influence sur lui, et vous devez en avoir, puisqu'il vous a confié à vous des secrets qu'il me cache, obtenez de lui qu'il renonce à ses projets. Dites-lui que je l'aime au-dessus de toute expression! Dites-lui que son sort sera le mien; que, lui exilé, je m'exile; que, lui prisonnier, je me fais captive! que, lui mort, je meurs. Dites-lui cela, et ajoutez, ajoutez que vous avez compris, à mes larmes et à mon désespoir, que je disais la vérité!
LE RÉGENT.
Et moi qui tout à l'heure... Cet ordre que je viens de si-

gner... Cette puissance illimitée que j'ai abandonnée à Dubois...

HÉLÈNE.

Que dites-vous, monsieur?

LE RÉGENT.

Restez ici, je reviens. (En sortant.) Oh! elle en mourrait!

SCÈNE IX

HÉLÈNE, puis GASTON.

HÉLÈNE.

Mais, monsieur... Il sort! Si je savais du moins où est Gaston... Si je pouvais m'informer... Mon Dieu... personne ici... Lorsqu'il m'a quittée... il était calme... Il ignorait donc?... Ce bruit!... quel est ce bruit?

GASTON.

Ah! Hélène!...

HÉLÈNE.

C'est lui! Gaston, viens, viens!... ils veulent t'arrêter... te prendre... Tu cours un danger, je ne sais lequel, mais grave, réel... Le duc l'a dit... Gaston, tu ne me quitteras pas.

GASTON.

Ah! oui, voilà donc pourquoi ils m'attendaient à la porte.

HÉLÈNE.

Qui?

GASTON.

Des hommes armés.

HÉLÈNE.

C'est cela, des gardes... car... Oh! tu ne m'avais pas dit ce qui t'amenait à Paris... Malheureux!... des secrets pour moi... Voyons, pas un instant à perdre... Le duc... il est pour toi... il est là... il m'a dit de l'attendre... Mais il ne savait pas... Viens, Gaston, viens!...

SCÈNE X

HÉLÈNE, GASTON, UN CAPITAIN

GASTON, à part.

Je suis perdu!

HÉLÈNE, au Capitaine.

Que voulez-vous, monsieur ?

LE CAPITAINE.

M. le chevalier Gaston de Chanley ?

HÉLÈNE.

M. de Chanley ? (Bas à Gaston.) Pas un mot! (A part.) Je ne le connais pas.

LE CAPITAINE.

Mais monsieur ?...

HÉLÈNE.

Monsieur est M. de Livry, arrivé d'hier à Paris... Monsieur n'a rien à faire avec vous... Il est ici chez le duc... il vient voir le duc... Demandez plutôt au duc... il est là... il va venir.

LE CAPITAINE.

Monsieur, j'ai l'ordre de vous arrêter.

HÉLÈNE.

Mais puisque je vous dis...

LE CAPITAINE.

Monsieur, votre parole de gentilhomme, que vous n'êtes pas celui que je cherche.

GASTON.

Voici mon épée, monsieur.

LE CAPITAINE.

Suivez-moi, monsieur.

(Hélène pousse un cri.)

GASTON.

Adieu, Hélène!

HÉLÈNE.

Malheureux! qu'as-tu fait ?

SCÈNE XI

HÉLÈNE, puis LE RÉGENT et DUBOIS.

HÉLÈNE, à la porte du Régent et la secouant.

Gaston! Gaston!... Fermée... Oh! mon Dieu! mon Dieu!... Mais venez donc, monsieur le duc, venez donc! Ici, à l'aide! au secours!

LE RÉGENT.

Me voilà ; qu'y a-t-il ?

HÉLÈNE.

Mais vous ne savez donc pas?... vous n'avez donc pas entendu?... Ici, chez vous, dans votre maison... ils l'ont arrêté, ils l'emmènent... (Elle tombe à genoux, les mains jointes.) Monsieur... monsieur... monsieur !...

(Elle s'évanouit.)

LE RÉGENT, à Dubois, qui entre.

Malheureux ! qu'as-tu fait ?

DUBOIS.

J'ai exécuté votre ordre, monseigneur.

LE RÉGENT.

Eh bien, écoute : mon ordre, à présent, est que tu coures après lui, qu'on lui rende la liberté... Je ne veux pas qu'il tombe un cheveu de sa tête !

DUBOIS.

Adressez-vous au parlement, monseigneur ; c'est lui qui juge les crimes de haute trahison.

LE RÉGENT.

Ah ! mon enfant... mon enfant... reviens à toi... Nous le sauverons !

DUBOIS.

C'est ce qu'il faudra voir !

ACTE QUATRIÈME

Un boudoir.

SCÈNE PREMIÈRE

DUBOIS, DEUX HUISSIERS.

Onze heures sonnent.

DUBOIS.

Onze heures !... c'est bien. Vous avez été à la Bastille ? vous avez prévenu M. Delaunay, n'est-ce pas ?

PREMIER HUISSIER.

Oui, monseigneur.

DUBOIS.

La chapelle sera illuminée?

PREMIER HUISSIER.

Oui.

DUBOIS.

Attendez. (Au deuxième.) Avez-vous passé chez MM. de Nocé et de Canillac?

DEUXIÈME HUISSIER.

J'arrive à l'instant de chez le dernier.

DUBOIS.

Les avez-vous trouvés?

DEUXIÈME HUISSIER.

Oui, monseigneur.

DUBOIS.

Viendront-ils ici ce soir?

DEUXIÈME HUISSIER.

Ils s'y sont engagés.

DUBOIS.

A merveille! Passez chez M. l'abbé de Lorges, aumônier de la Bastille, et dites-lui de s'y trouver d'une heure à deux heures du matin; il officiera.

DEUXIÈME HUISSIER.

J'y vais.

DUBOIS.

Dites que c'est de la part de monseigneur, et, en cas d'empêchement, qu'il m'écrive toujours ici, au petit hôtel de Son Altesse, rue du Bac.

DEUXIÈME HUISSIER.

Il le saura.

(Il sort.)

DUBOIS, au premier Huissier.

Un mot encore; M. Delaunay vous a-t-il fait quelques questions?

PREMIER HUISSIER.

Les questions que Votre Excellence avait prévues.

DUBOIS.

Et vous avez répondu?...

PREMIER HUISSIER.

Ce que vous m'aviez ordonné de répondre : c'est-à-dire

qu'il s'agissait du mariage du chevalier de Chanley avec mademoiselle de Chaverny.

DUBOIS.

Oui, ces chers enfants, nous les marions; n'est-ce pas, Tapin?... Allez, monsieur, allez.

(L'Huissier sort.)

SCÈNE II

DUBOIS, TAPIN.

TAPIN.

Monseigneur?...

DUBOIS.

Ferme les portes; la, bien; maintenant, j'ai dit assez de folies; il est vrai que je parlais au nom de monseigneur... Revenons à la raison... As-tu réussi?

TAPIN.

Parbleu!

DUBOIS.

En tout point?

TAPIN.

Devais-je faire autre chose que ce que vous m'aviez dit?

DUBOIS.

Non; alors le chevalier?...

TAPIN.

Sur votre ordre, on a mis le chevalier dans la même chambre qu'un de mes hommes qui était censé habiter la Bastille depuis six mois; il a trouvé une bonne évasion toute préparée.

DUBOIS.

Il n'a fait aucune difficulté pour s'évader?

TAPIN.

Bon! il a passé par la fenêtre comme s'il n'avait fait que cela toute sa vie; puis, arrivé au milieu de la corde, il ne s'est pas même donné la peine de descendre jusqu'au bout; il a, pardieu! sauté de plus de quinze pieds de hauteur; au point qu'un instant j'ai eu peur qu'il ne se fût cassé la jambe.

DUBOIS.

C'eût été fort malheureux.

TAPIN.

Dieu merci, il n'en est rien; rassurez-vous.

DUBOIS.

De sorte qu'à cette heure...?

TAPIN.

Il est sur la route de Flandre.

DUBOIS.

Bravo! celle où les postes sont le mieux servies... Ah! monseigneur, ce n'est pas assez pour vous d'épargner vos ennemis, vous voulez encore les élever jusqu'à Votre Altesse, et, du conspirateur d'hier, faire aujourd'hui le mari de votre fille, pour vous donner ensuite à vous-même une raison de lui faire grâce?... Je m'y oppose... Qu'il échappe à la mort, soit... mais, du moins, qu'un pardon public, une faveur éclatante ne viennent pas promettre l'impunité à ceux qui seraient tentés de l'imiter !...

TAPIN.

Son Altesse!

DUBOIS.

C'est bien!... Pas un mot, maître Tapin, et ne vous éloignez pas; peut-être aura-t-on besoin de vous.

SCÈNE III

LE RÉGENT, DUBOIS.

LE RÉGENT.

Ah! te voilà, Dubois!

DUBOIS.

A vos ordres, monseigneur.

LE RÉGENT.

Eh bien, tout est-il préparé pour le mariage de mademoiselle de Chaverny?

DUBOIS.

Oui, monseigneur; mais une chose m'inquiète.

LE RÉGENT.

Laquelle?

DUBOIS.

Je voudrais seulement savoir comment vous avez déterminé notre belle fiancée, toute plongée dans la douleur comme elle est, à assister au bal que vous donnez ici ce soir.

LE RÉGENT.

Je lui ai dit qu'elle y trouverait le régent, qu'elle pourrait lui demander la grâce du chevalier, et cette assurance a levé tous ses scrupules.

DUBOIS.

A merveille!... et si Votre Altesse veut m'indiquer l'heure qu'elle a fixée?...

LE RÉGENT.

Mettons cela à deux heures du matin.

DUBOIS, calculant.

Il est onze heures... A minuit, à Senlis... à deux heures, à Noyon.

LE RÉGENT.

Que calcules-tu?

DUBOIS.

Je calcule à quel endroit il sera à deux heures du matin.

LE RÉGENT.

Qui?

DUBOIS.

Le futur.

LE RÉGENT.

Comment! où il sera?

DUBOIS.

Oh! mon Dieu, oui... Demain, à deux heures du matin, il sera à vingt-cinq lieues de Paris.

LE RÉGENT.

A vingt-cinq lieues?

DUBOIS.

Oui, s'il court toujours du train dont on l'a vu partir.

LE RÉGENT.

Que veux-tu dire?

DUBOIS.

Je veux dire, monseigneur, qu'il ne manque plus qu'une chose au mariage.

LE RÉGENT.

Laquelle?

DUBOIS.

Le mari.

LE RÉGENT.

Gaston?

DUBOIS.

S'est enfui de la Bastille, il y a une heure.

LE RÉGENT.

Tu mens; on ne se sauve pas de la Bastille.

DUBOIS.

Je vous demande pardon, monseigneur, quand on est condamné à mort, on se sauve de partout.

LE RÉGENT.

Il s'est sauvé, sachant qu'il devait épouser celle qu'il aimait?

DUBOIS.

Eh! mon Dieu, oui; le chevalier... le héros... s'est conduit comme eût fait le dernier malotru... Et, en vérité, monseigneur, il a bien fait.

LE RÉGENT.

Dubois... Et ma fille?...

DUBOIS.

Eh bien ?

LE RÉGENT.

Elle en mourra !

DUBOIS.

Eh! non, monseigneur; en apprenant à connaître le personnage, elle s'en consolera; et vous la marierez à quelque petit prince d'Allemagne ou d'Italie... au duc de Modène par exemple, dont mademoiselle de Valois ne veut pas.

LE RÉGENT.

Et moi qui lui faisais grâce !

DUBOIS.

Il se l'est faite à lui-même... il a trouvé cela plus sûr... Et, ma foi, j'avoue que j'en aurais fait autant que lui...

LE RÉGENT.

Oh! toi, tu n'es pas gentilhomme...

DUBOIS.

Oh! quant à cela, c'est vrai!... Je suis vilain, et je m'en vante...

LE RÉGENT.

Toi, tu n'avais point fait de serment.

DUBOIS.

Vous vous trompez, monseigneur : j'avais fait celui d'empêcher Votre Altesse d'accomplir un acte de folie; et j'y ai réussi.

LE RÉGENT.

Pas un mot de tout cela devant Hélène. Je me charge de lui apprendre la nouvelle.

DUBOIS.

Et moi, de rattraper votre gendre?

LE RÉGENT.

Non pas... Il est sauvé, qu'il en profite... Sauvé au moment où j'avais tout préparé... où Hélène allait...

GASTON, au fond.

Il faut que je lui parle... à l'instant, à l'instant même...

DUBOIS.

Ah! mon Dieu!

LE RÉGENT.

Cette voix...

L'HUISSIER, annonçant.

M. le chevalier Gaston de Chanley.

(Tous deux se regardent avec une expression différente.)

LE RÉGENT.

Gaston!... Ah! je le savais bien, qu'avec cette voix-là, avec ce visage-là, avec ce cœur-là, on était incapable d'une lâcheté!... Tu vois, Dubois, il ne faut pas juger tout le monde d'après soi!... surtout quand on s'appelle Dubois! (A l'Huissier.) Faites entrer.

DUBOIS.

Attendez au moins que je sorte, monseigneur.

LE RÉGENT.

Ah! c'est juste, il te reconnaîtrait.

DUBOIS.

Revenir... le niais!

(Il sort.)

SCÈNE IV

LE RÉGENT, GASTON.

GASTON.

Monseigneur!...

LE RÉGENT.

Comment! c'est vous, monsieur?

GASTON.

Oui, monseigneur; un miracle s'est opéré en ma faveur;

on m'a mis dans le cachot d'un prisonnier qui avait tout préparé pour son évasion ; il s'était procuré une lime, il a scié un barreau, nous nous sommes évadés ensemble, et me voilà.

LE RÉGENT.

Et, au lieu de fuir, monsieur, au lieu de gagner la frontière, de vous mettre en sûreté, vous êtes revenu ici au péril de votre tête ?

GASTON.

Monseigneur, je dois l'avouer, la liberté m'a d'abord séduit ; mais presque aussitôt j'ai réfléchi !

LE RÉGENT.

A Hélène, que vous abandonniez...

GASTON.

Et à mes compagnons que je laissais sous le couteau.

LE RÉGENT.

Et vous avez décidé alors...?

GASTON.

Que j'étais lié à leur cause jusqu'à ce que nos projets fussent accomplis.

LE RÉGENT.

Nos projets ?...

GASTON.

Ne sont-ce pas les vôtres comme les miens ?...

LE RÉGENT.

Écoutez, monsieur : je crois que l'homme doit demeurer dans la mesure de sa force : il est des choses que Dieu semble lui défendre d'exécuter, des avertissements qui lui disent de renoncer à certains projets... Eh bien, je crois que c'est un sacrilège à lui de méconnaître ces avertissements, de rester sourd à cette voix... Nos projets sont avortés, monsieur, n'y pensons plus.

GASTON.

Au contraire, monseigneur, pensons-y plus que jamais.

LE RÉGENT.

Mais à quoi songez-vous, monsieur, de vouloir persister ainsi dans une entreprise devenue maintenant si difficile qu'elle en est presque insensée ?

GASTON.

A quoi je songe, monseigneur ? Je songe à nos amis arrêtés, jugés, condamnés, M. d'Argenson me l'a dit, prêts à marcher à l'échafaud... à nos amis que la mort du régent seule peut sauver!... à nos amis, qui diraient, si je quittais la France, que j'ai acheté mon salut au prix de leur perte, et que les portes de la Bastille se sont ouvertes devant mes délations.

LE RÉGENT.

Ainsi, monsieur, vous sacrifiez tout à ce point d'honneur... tout... même Hélène?...

GASTON.

S'ils vivent encore, il faut que je les sauve.

LE RÉGENT.

Et s'ils sont morts?...

GASTON.

Il faut que je les venge.

LE RÉGENT.

Ainsi, vous persistez?...

GASTON.

Plus que jamais... Il faut que le régent meure... et le régent mourra.

LE RÉGENT.

Mais, auparavant, ne voulez-vous pas voir mademoiselle de Chaverny?

GASTON.

Monseigneur... je suis homme.,. j'aime... et, par conséquent, je suis faible. Je vais avoir à lutter à la fois contre ses larmes et contre ma propre faiblesse... Monseigneur... je ne verrai Hélène qu'à la condition que vous me jurerez de me faire voir le régent.

LE RÉGENT.

Et si je refuse de prendre cet engagement?

GASTON.

Alors, je ne reverrai pas Hélène... je suis mort pour elle... Il est inutile qu'elle revienne à l'espoir pour le reperdre... C'est bien assez qu'elle me pleure une fois!

LE RÉGENT.

Mais, alors, que ferez-vous?

GASTON.

J'irai attendre le régent partout où je saurai qu'il doit passer... Je le frapperai partout où je le rencontrerai.

LE RÉGENT.

Encore une fois, réfléchissez.

GASTON.

Sur l'honneur de mon nom, monseigneur, je vous somme de me prêter votre appui... ou je vous déclare que je saurai m'en passer.

LE RÉGENT.

Alors, monsieur, puisque c'est une résolution prise...

GASTON.

Irrévocable.

LE RÉGENT.

Écoutez ceci: je donne une fête ce soir... ici...

GASTON.

Ici, monsieur?

LE RÉGENT.

Le régent y vient.

GASTON.

Grand Dieu!

LE RÉGENT.

Il y vient seul, sans suite, sans défense.

GASTON, tressaillant.

Vous dites?...

LE RÉGENT.

Je dis qu'il y vient seul, sans suite, sans défense... comprenez-vous?...

GASTON.

Oui, je comprends...

LE RÉGENT.

Qu'avez-vous?

GASTON.

Ah! c'est affreux, ce me semble!

LE RÉGENT.

Vous hésitez?

GASTON.

Non... non... monseigneur... non, je n'hésite pas... mais, croyez-moi, c'est une chose terrible que de tuer un homme sans défense, un homme qui se livre de lui même, qui reçoit le coup en souriant à son meurtrier... Tenez, je me croyais courageux et fort; mais il doit en être ainsi de tout conspirateur qui a pris l'engagement que j'ai pris... Dans un moment de fièvre, d'enthousiasme ou de haine, on a fait le serment fatal, on a entre soi et sa victime tout l'espace de temps qui doit s'écouler... Puis, le serment prêté, la fièvre se calme, l'enthousiasme s'éteint, la haine diminue, on voit apparaître, à l'autre côté de l'horizon, celui auquel on doit aller et qui vient à vous; chaque jour vous en rapproche, et alors on frémit... car seulement alors, on comprend à quel crime on s'est engagé, et cependant, le temps inexorable s'écoule, et, à chaque heure qui sonne, on voit la victime qui fait un pas jusqu'à ce qu'enfin l'espace disparaisse... et l'on se trouve face à face! Alors... alors, croyez-moi, les plus braves tremblent... alors, on s'aperçoit qu'on n'est pas, comme on l'avait cru, le ministre de sa conscience, mais l'esclave de son serment... on est parti le front haut en disant: « Je suis élu!... » on arrive le front courbé en disant: « Je suis maudit! »

LE RÉGENT.

Vous êtes encore libre de refuser ce que je vous offre, monsieur.

GASTON.

Non... non, monsieur... J'accomplirai ma tâche quelque terrible qu'elle soit!... mon cœur frémira, mais ma main restera ferme... Voyons, monsieur, achevez vos instructions... à quoi reconnaîtrai-je le régent? Vous savez que je ne l'ai jamais vu.

LE RÉGENT.

Toutes les fois que le régent vient ici, il a l'habitude, vers minuit, pour se soustraire un instant aux regards importuns, de se retirer dans ce boudoir, qu'il affectionne je ne sais pourquoi et où personne n'entre plus du moment qu'il y est entré. J'aurai soin que cette porte reste ouverte... Cachez-vous jusque-là, et, à minuit, entrez hardiment.

GASTON.

Mais je vous répète que je ne le connais pas.

LE RÉGENT.

Celui qui sera assis là, sera le régent, je vous en réponds. Je vous laisse; j'entends quelque bruit dans les salons, il faut que je sois là pour recevoir mes hôtes. Ainsi, à minuit.

SCÈNE V

GASTON, seul.

Oui... oui... un complot, c'est un réseau de fer qui nous presse, qui nous enveloppe, qui nous étreint... Une fois entré dans un complot, il faut marcher en avant... toujours... sans regarder en arrière!... il faut fermer les yeux pour ne pas voir les larmes de ceux qui nous aiment... endurcir son cœur pour ne pas s'émouvoir à leurs cris. O Hélène, Hélène! si tu savais...

SCÈNE VI

HÉLÈNE, GASTON

HÉLÈNE.

Gaston!... Gaston!... sauvé!... libre!... Oh! ce n'est pas un songe... Gaston! mon bien-aimé!... mon époux!...

GASTON.

Oui, me voilà, Hélène... un bonheur inespéré... un miracle...

HÉLÈNE.

Tu as pu fuir?...

GASTON.

Oui.

HÉLÈNE.

Et alors, tu as pensé à moi... tu es accouru à moi... tu n'as pas voulu fuir sans moi... Oh! je reconnais bien là mon Gaston!... Eh bien, me voilà, mon ami; emmène-moi où tu voudras, je suis prête, je te suis.

GASTON.

Hélène, ne t'es-tu pas dit quelquefois, avec orgueil, que tu n'étais pas la fiancée d'un homme ordinaire?

HÉLÈNE.

Oh! oui.

GASTON.

Eh bien, Hélène, aux âmes d'élite des devoirs plus grands et, par conséquent, des épreuves plus grandes sont imposées... J'ai à accomplir, avant d'être à toi, la mission pour laquelle je suis venu à Paris... Nous avons, tous deux, une destinée fatale à subir; mais, que veux-tu, Hélène? il en est ainsi... Notre vie ou notre mort ne tient plus qu'à un seul événement, et cet événement s'accomplira cette nuit même.

HÉLÈNE.

Que dites-vous, Gaston?

GASTON.

Écoute, Hélène; prépare tout pour notre départ... et, si dans une heure, nous ne sommes pas dans les bras l'un de l'autre, fuyant vers l'exil, qui sera pour nous le bonheur, puisque nous fuirons ensemble... Hélène, ne m'attends plus ! Hélène, crois que tout ce qui vient de se passer entre nous est un songe !... et, si tu peux en obtenir la permission, viens me retrouver à la Bastille.

HÉLÈNE.

Oh ! mon Dieu, que me dis-tu là, Gaston ?

GASTON.

Hélène, sois forte, sois grande, sois digne de toi et de moi !... Prie pour ton époux, Hélène !... car, prier pour lui, c'est prier encore pour la Bretagne et pour la France...

HÉLÈNE.

Gaston !

GASTON.

Ne me suis pas... je te le défends... je t'en prie...

(Il sort.)

SCÈNE VII

HÉLÈNE, puis LE RÉGENT.

HÉLÈNE.

Moi, le perdre... Oh ! mon Dieu ! qu'a-t-il dit là ?... Je le perds si je reste ici... Est-ce donc ici que doit se passer la terrible catastrophe qui pèse sur nous depuis l'heure où nous avons quitté la Bretagne ?... Oh ! venez, venez, monsieur le duc ; c'est le ciel qui vous amène... Venez, venez...

LE RÉGENT.

Qu'avez-vous, mon enfant ?... et d'où viennent ces larmes, cette émotion ?...

HÉLÈNE.

Monseigneur, il ne veut plus partir.

LE RÉGENT.

Qui ?

HÉLÈNE.

Gaston !

LE RÉGENT.

Vous l'avez donc revu ?

HÉLÈNE.

Oui, ici, à l'instant même !... Je vous dis, monsieur, qu'il ne veut plus partir !... Il a quelque projet terrible !

LE RÉGENT.

Et ce projet, le connaissez-vous?...

HÉLÈNE.

Je le devine.

LE RÉGENT.

Quel est-il?

HÉLÈNE.

Vous m'avez dit que le régent venait ici, ce soir, chez vous?

LE RÉGENT.

Oui.

HÉLÈNE.

Eh bien, c'est cela.

LE RÉGENT.

Quoi?

HÉLÈNE.

Monseigneur, Gaston veut tuer le régent!

LE RÉGENT.

Vous croyez?

HÉLÈNE.

Oh! j'en suis sûre... C'est pour cela qu'il a quitté Nantes... c'est pour cela qu'il avait été arrêté, qu'il sera condamné à mort!...

LE RÉGENT.

Vous supposez l'homme que vous aimez capable d'un pareil crime, Hélène, et vous continuez d'aimer cet homme?

HÉLÈNE.

Oh! monsieur... vous connaissez l'effroyable logique des partis... ils ne croient pas au crime en politique; bien plus, ils transforment le crime en action louable. En tuant le régent, Gaston croit venger la France, Gaston croit sauver le roi.

LE RÉGENT.

Venger la France!... La France demande-t-elle donc vengeance? Sauver le roi!... Le roi court-il quelque danger?...

HÉLÈNE.

Oui; le danger auquel a succombé monseigneur le grand dauphin, le danger auquel ont succombé monseigneur le duc et madame la duchesse de Bourgogne, le danger auquel a succombé le duc de Berry!

LE RÉGENT.

Mais enfin, ce danger, quel est-il?...

HÉLÈNE.

Celui d'être empoisonné, comme le reste de sa famille.

LE RÉGENT.

Empoisonné!... que dites-vous, Hélène?

HÉLÈNE.

Je dis ce que dit la France.

LE RÉGENT.

Vous accusez le régent?

HÉLÈNE.

Celui qui a frappé l'aïeul, le père et la mère, épargnera-t-il l'enfant, quand cet enfant le sépare, seul, du trône?

LE RÉGENT.

Oh! et ma fille aussi!...

HÉLÈNE.

Sa fille!...

LE RÉGENT.

Jusqu'à ma fille, qui m'accuse et me calomnie!...

HÉLÈNE, tombant à genoux.

Mon père!...

LE RÉGENT.

Oh! les infâmes!... les infâmes!... voilà donc où ils en sont arrivés!... Ce n'est point assez de m'accuser dans le passé, ils m'accusent dans l'avenir... Mais l'avenir ne sera pas complice... et Louis XV vivra pour me justifier.

HÉLÈNE.

Pardon, pardon, mon père!

LE RÉGENT.

Relevez-vous. (Minuit sonne.) Minuit! on vient!...

HÉLÈNE.

C'est Gaston, sans doute.

LE RÉGENT.

Silence! Cachez-vous là derrière... et pas un mot... pas un geste!

SCÈNE VIII

LE RÉGENT, assis à une table où sont des papiers; GASTON, entr'ouvrant la porte; HÉLÈNE, cachée; puis DUBOIS.

LE RÉGENT.

C'est vous, chevalier?...

GASTON.

Ne m'avez-vous pas dit qu'à minuit...?

LE RÉGENT.

Oui.

GASTON.

Dans cette chambre...?

LE RÉGENT.

Oui.

GASTON.

Vous me mettriez face à face avec le régent?

LE RÉGENT.

Oui, monsieur, et je tiens parole... Que cherchez-vous?... où regardez-vous?... C'est moi qu'il faut regarder, monsieur... car c'est moi que vous cherchez... Allons, sauveur de la patrie!... sauveur du roi!... nous sommes face à face... vous avez le couteau à la main... frappez!... mais frappez donc... je suis le régent!...

GASTON.

Le régent, vous?

HÉLÈNE, qui a reparu.

Mon père!...

GASTON.

Ton père?...

HÉLÈNE, le prenant par la main.

Gaston... à genoux... à genoux devant lui... Je te dis que c'est mon père!

GASTON, tombant à genoux.

Oh!

HÉLÈNE.

Grâce pour lui, mon père, grâce pour moi!

LE RÉGENT.

Calme-toi, ma fille?... Relevez-vous, chevalier.

GASTON.

Mais mon serment? mais ceux devant qui je l'ai prononcé?...

LE RÉGENT, s'asseyant et écrivant.

Ils pourront bien vous pardonner, monsieur, puisque je leur pardonne...

(Il donne le papier à Gaston.)

GASTON, se relevant.

Ah! ah!

DUBOIS, *qui a écouté.*

Bravo, monseigneur ! la folie est complète !

LE RÉGENT.

Regarde-les, et dis encore que c'est mal fait de pardonner !...

GASTON.

Mon Dieu !... est-ce que je me trompe ?...

LE RÉGENT.

Dubois, je te présente le chevalier Gaston de Chanley.

GASTON.

Vous, capitaine ?...

DUBOIS.

Je vous l'avais bien dit, chevalier : Défiez-vous de la police ! de ce coquin de Dubois !

FIN DU TOME NEUVIÈME

F. Aureau. — Imprimerie de Lagny

www.ingramcontent.com/pod-product-compliance
Lightning Source LLC
Chambersburg PA
CBHW070530170426
43200CB00011B/2384